林　纾

（1852—1924）

## “福建历史文化名人丛书”编委会

福建历史文化名人丛书

福建省社会科学界联合会 编

# 林纾

## 近代中国译界泰斗

朱晓慧 庄恒恺 编著

海峡出版发行集团 THE STRAITS PUBLISHING & DISTRIBUTING GROUP | 福建人民出版社 FUJIAN PEOPLE'S PUBLISHING HOUSE

**图书在版编目（CIP）数据**

林纾：近代中国译界泰斗/朱晓慧，庄恒恺编著.--福州：福建人民出版社，2016.5（2020.11重印）

（福建历史文化名人丛书）

ISBN 978-7-211-07214-9

Ⅰ.①林… Ⅱ.①朱… ②庄… Ⅲ.①林纾（1852～1924）—传记 Ⅳ.①K825.6

中国版本图书馆CIP数据核字（2015）第271109号

**林纾**

LINSHU

——近代中国译界泰斗

**作　　者：**朱晓慧　庄恒恺

**责任编辑：**陈　宽

**出版发行：**福建人民出版社　　**电　　话：**0591-87604366(发行部)

**网　　址：**http://www.fjpph.com　　**电子邮箱：**fjpph7211@126.com

**地　　址：**福州市东水路76号　　**邮　　编：**350001

**经　　销：**福建新华发行（集团）有限责任公司

**印　　刷：**福建省金盾彩色印刷有限公司

**地　　址：**福州市金山浦上工业区D区24幢

**开　　本：**700毫米×1000毫米　1/16

**印　　张：**9.25

**字　　数：**113千字

**版　　次：**2016年5月第1版　　2020年11月第3次印刷

**书　　号：**ISBN 978-7-211-07214-9

**定　　价：**25.00元

# 总 序

李 红

社会科学承载着“认识世界、传承文明、创新理论、咨政育人、服务社会”的重要功能，是人类赖以传承的精神支柱。近年来，福建省各级各部门认真贯彻《福建省社会科学普及条例》，社会科学普及工作扎实开展、稳步推进，通过举办全省社科普及宣传周、建立社科普及基地、开办社科普及讲坛等社科普及咨询平台载体，其制度化、常态化、大众化工作取得了明显成效。

习近平总书记指出，文化是民族生存和发展的重要力量，中华优秀传统文化已经成为中华民族的基因，植根在中国人内心，潜移默化地影响着中国人的思维方式和行为方式。福建文化是中华文化中极富特色的一部分，深度融入了中国文化的进程，展现出突破陈规、积极进取、兼容并包、锐意创新的胸襟和气魄。向大众传播福建优秀的历史文化知识，是福建省社科普及工作的重要内容。以接福建地气、讲福建故事、塑福建形象、续福建文脉的姿态编辑出版的“福建历史文化名人丛书”，既较为全面地展示了福建文化深厚的历史底蕴和丰富的人文精神，也为福建当下的社会文化建设提供了有益的资鉴。“福建历史文化名人丛书”所包含的朱熹、林则徐、严复、陈嘉庚等人物传记，记录了福建文化之于中国历史的影响，同时也以人物史的叙述方式生动地展现出中国人文精神的风骨和传统文化的传承。

今天，我们提倡和弘扬社会主义核心价值观，必须从中华优秀传统文化中汲取丰富营养，否则就会缺乏生命力和影响力。“福建历史文化名人丛书”记录了福建历史文化人物的价值观践行轨迹，重温了这批福建历史文化乃至中国历史文化史上重要人物的生命历程，以浅显晓畅、通俗易懂的叙述方式讲述了中华优秀传统文化传承的当代意义，开辟了社会科学知识进入千家万户的新路子。

“最忆市桥灯火静，巷南巷北读书声。”一套好的社会科学普及丛书，总是能带动起读书的风气。将学习作为一种追求、爱好和健康的生活方式，也是“福建历史文化名人丛书”所期望实现的目标。在文字中领略福建地域文化魅力，在阅读中传承传统文化养分，在感悟中提升人文道德情操，社会科学普及丛书的出版，可谓正当其时。

（作者系福建省人民政府原副省长，福建省政协原副主席）

# 目 录

# 前 言



历史悠久而又充满魅力的福州城，榕荫满城。每当夏日，茉莉飘香，秀丽的闽江宛如一条柔美的腰带穿城而过，流向东海。纵横交错的内河在长髯飘拂的古榕掩映下，穿过历史的岁月，静静地向前流淌。

这座有着2200多年历史的城市，曾是闽越国、五代王闽政权的都城，历来是八闽的首府。早在唐宋时期，面江临海、水系发达的福州，已成为“百货随潮船入市，万家沽酒户垂帘”的贸易港口。这是一座繁华的滨海城市，也是海上丝绸之路的重要门户。

在这座地处东南、恬静秀丽的千年历史文化名城中，人文荟萃，英才辈出，唐宋起便有“海滨邹鲁”的美称。据文献记载，历代福州籍进士达4100多人，其中文武状元20余人，位居全国各府州前列。明清以来，福州成为东西方文化交流的汇集地，为“五口通商”的口岸之一。近代以来，开一代风气之先的文人名士更是灿若繁星，将这座

五口通商时期的福州上下杭

美丽的城市与中国近代史上一长串著名事件紧密相连。

在近代涌现出来的诸多文化名人中，林纾的名字闪耀其中。福州坊间素有“三巨人”之说——政治巨人林则徐，思想巨人严复，文学巨人林纾。林纾一生著作等身，他的创作领域横跨文学、艺术等领域，涵盖翻译、古文、小说创作、诗词书画等诸多门类，并以自己在古文和翻译等方面的出色成就，在中国近代文化史上写下了浓墨重彩的一笔。

林纾，福建闽县（今福州市）人，光绪八年（1882年）举人。他原名群玉，又名秉辉，字琴南，号畏庐，又号冷红生，晚年自称蠡叟、践卓翁、六桥补柳翁、春觉斋主人、畏庐老人等。他博闻强识，能诗、能画、能文，有“狂生”之别号。他不懂外文，靠人口授，竟用文言文翻译外国小说180多部，成为中国近代史上成功传播外国文学的第一人，从而使“林译小说”成为中国文化史、文学史、翻译史上响亮的专有名词。他的翻译小说，第一次带领中国人进入了精彩纷呈的西方文学世界，令人耳目一新。作为近代中国翻译界的重要人物，他独领风骚，被人称为“旷世译才”，在翻译界享有“译坛泰斗”的美誉。

林纾又是中国传统古文的最后一位集大成者。他在古文界的地位与名声，几乎可以与他在翻译界的声誉并驾齐驱。他以古文翻译外国小说，妩媚动人；他的诗文光气灿然，令人折服，被人称为近代文章大师，他的书画作品也极富艺术水准，被人赞为“诗书画三绝”。

他是中国近代著名的作家、画家、翻译家，一名优秀的教育者、可敬的爱国者，又是一位狷狂而又循分的杰出的文化传播者。

狷狂，即狷介与狂放之意。性情正直、洁身自好谓之狷介。《论语·子路》说：“狂者进取”“狷者有所不为”，是说狂者往往志向远大，仰慕古时圣贤，行为语言不加掩饰，独立不羁，狷者则清高狂傲，特立独行，不屑做不洁之人和污浊之事。在中国文化观念中，“狷狂”特指才华横溢、性情耿直、任性而为、不与世俗同流合污的清高之士，人们往往用以形容文人的风骨。

在中国历史上，狷狂之士不乏其人。如战国时期爱国诗人屈原的“举世皆浊我独清，众人皆醉我独醒”，为实现人生理想，不惜舍生取义，自沉汨罗江；东晋名士陶渊明不为五斗米折腰，宁可弃官归隐，躬耕田园，也绝不同流合污；魏晋名士阮籍，为坚守高洁的情怀，纵放酣饮，横笑世俗，“遗俗而独往”；唐代诗人李白，“安能摧眉折腰事权贵，使我不得开心颜”，天马行空，粪土诸侯，傲岸不羁；宋代名士苏东坡，“一蓑烟雨任平生”，豁达旷逸，将人生精神升华到极致。他们的形象都闪耀在中国历史的长河中。

说林纾狷狂，因为他一生都保持着传统读书人的傲气。他先后在福州苍霞精舍、杭州东城讲舍、北京金台书院、五城学堂、京师大学堂教书，光明磊落，为人正直，有开风气之先的勇气；他血气方刚，敢于针砭时弊，讽时骂世，在热情冲动中不失劲节高标；他不拘时俗，又充满雅致意趣，在传统士人中独具特色。他自诩福州“南门一支笔”，傲视群雄；他参加福州的诗社，觥筹诗咏达十年之久；他办过福州最早的新式学堂之一——苍霞精舍（现今福建工程学院的办学前身）。他在街头拦过钦差大臣左宗棠的马，状告导致中法海战失败的昏官；他上书朝廷反对签订丧权辱国的《马关条约》；他还曾与同乡举子三次上书御史台，力陈变法支持维新。但是，他的“狂”，也使他有时固执得近乎偏执，难以融入时代的潮流，成为他思想渐趋保守的原因之一。他早年写过白话诗《闽中新乐府》，鼓吹变法，倡导新政，是激进的革新派人物，晚年却成为新文化运动的激烈反对者、顽固的守旧派。其看似充满矛盾的人生选择，却是他“狂者”倔强率真本性的真实反映。

在《夏日斋居，自制十二图，图各定名，系之以诗》第五首《危峰耸翠》一诗中，他对自己的狷狂有着直接的表白：

胸际不平气，幻此最高峰。

……

我欲凌绝顶，临风支一筇。

张眼俯人境，呼之曰蛩蛩。

林纾将心中的不平之气化为高耸奇危的山峰，让抑郁的情绪不加掩饰地破空而来。它反映出诗人对污浊现实的感受，透露出精神上的强烈苦闷和情感上的忧愤。我们仿佛看到一位愤世嫉俗的老人，不甘沉沦于黑暗污浊的人世间，拄杖奋力向顶峰攀登。他还用传说中互相依靠、奔走求食的古兽“蛩蛩”比喻可怜渺小的芸芸众生，表现出他深沉悲悯的一面。

循分，即安分守己，谨守传统的伦理纲常。如果说，狷狂是一种趋义冒死的越界进取，那么，循分就是守住伦理纲常的底线。说林纾循分，是因为他一生牢记“畏天循分”的祖训，孝亲尊师，恪守义礼，不重名利，甘于清贫，一生崇古。因此，尽管他满腔热血，为人亦怪亦狂亦侠，但一生本分正直，忠君孝亲，同情弱者，真诚待人。他收养多位友人的遗孤，视为己出。在新旧文化激战中，他顽固地坚守着自己的民族文化身份，先后发表《论古文之不宜废》《论古文白话之相消长》等文章，对文学革命的一些问题提出不同的看法。他不顾同乡严复“优者自存，劣者自败”“听其自鸣自止可耳”的提醒与劝告，“拼我残年”捍卫古文。1919年，林纾在论战中被对手触怒，在上海《新申报》发表《荆生》《妖梦》两篇小说，影射嘲笑将他推为文学革命反对派领袖、斥他为“桐城谬种”的对手，将北大文科学长陈独秀以及胡适、钱玄同等挨个丑化谩骂一通。他在小说中想象出一个力拔大山、武功精妙的“伟丈夫”，把新文化运动的干将狠狠羞辱、痛打一顿。这两篇小说在当时引起了一场轩然大波。但他很快便及时纠正了自己因一时冲动而犯下的错误，公开在报章上道歉，并给各大报馆打电话，承认自己骂人的过失。以68岁的年龄，向自己论战的对手、当年咄咄逼人的年轻人真诚致歉，敢做敢当，不遮不掩，不失人格豪气。这种本真的性情，令对手起敬。他晚年以遗老自居，固守名节，

笑骂由人，不顾他人非议我行我素，以不合时宜的守旧举动，成为热忱、固执的卫道者，彰显坚守民族文化身份的信念。这种倔强多怒与激情的性情气质，同样来自他狷狂的性情和循分的文化情结。

近代作家寒光曾这样评价林纾："中国的旧文学当以林氏为终点，新文学当以林氏为起点。"作为新文学的"不祧之祖"、旧文学的"压阵大将"，林纾以主张变法维新开端，以译作辉煌于世，又因固守旧文化而湮没于后世，堪称中国文化史上奇特的现象。

林纾，是我国文化史上一道独特的风景线，值得我们去细读。

# 第一章

# 畏庐身世出寒微：苦难的人生

贫穷生坚毅。人间一切的不幸，仿佛从童年起就降临在林纾身上，铸就了他的顽强意志与不屈品格，造就了他的同情与怜悯之心。

## 贫寒困苦的童年

1852年11月8日，福州光禄坊玉尺山的一间小屋子里，传出了婴儿呱呱落地的哭声。我国近代史上的一代名士林纾，便出生在这座流淌着古香古韵、充满灵秀之气的东南历史文化名城。

光禄坊地处文人荟萃的三坊七巷，深厚的闽都文化和浓重的历史人文气息在这里汇集，为林纾的成长提供了得天独厚的土壤。

林纾自小家境贫寒。他的先祖自金陵（今南京）迁徙入闽，定居福州城外莲塘乡，世代务农，直到祖父林邦浩才开始进城学艺，以手工业艰难谋生。由于上有老，下有小，林纾祖父挣的钱不够养家，林纾的祖母和大姑姑只得起早贪黑做针线女红，每日挣百钱贴补家用。他的父亲林国铨，十几岁时就开始从商，早年随盐官在闽北山区建宁从事盐务生意，风里来雨里去，辛辛苦苦积攒了一些钱后，便在福州城文化氛围浓厚的光禄坊玉尺山典房安家，家庭生活开始安定下来。

位于福州莲塘的林纾故居

但是，天有不测风云。林纾5岁时，父亲租赁的两条运盐船在前往建宁的夜航途中，在号称“滩滩鬼门关”的金溪河上不幸遭遇洪水大浪，触礁沉没。父亲在黑暗中抱着一块木板，侥幸逃生。在倾尽所有积蓄赔偿官盐后，家中生活顿时没有了着落。祖母安慰他：“这是天命。我自小家中就穷，老年再遇贫困，就如重过以前的生活一样，没什么可怕的。”但是，父亲急于赚钱赡养老人，只得背井离乡，远行台湾，以治盐谋生，家中留下林纾的叔叔林国宾独撑门户。但在台湾的几年里，林纾父亲的生意常常亏本，不但无法寄钱养家，甚至连回家的路费都无法筹集。

幼年困苦的生活，成为林纾心中挥之不去的深深记忆。在《母弟秉耀权厝铭》一文中，他曾描述过家中拮据的情形：父亲远客台湾，生意失败，无钱归家。家中有祖父祖母和年幼不更事的弟妹，连同叔父一家九口人，靠着母亲和大姐做针线活维持生活，家中经常断炊，食不果腹。在《先妣事略》中，他又心酸地回忆道：弟弟秉耀刚出生两个月，父亲便为生活所迫赴台经商，因生意惨亏，困不能归。时值第二次鸦片战争的乱世荒年，盗贼横行，敌舰入侵福州港，发炮寻衅。林纾家距闽江仅几里，飞弹常常从家中屋顶上空呼啸而过，邻居们纷纷逃离，仅剩林纾一家。此时他家无米无钱，祖母又生了病，因而只能困守家中。家里上有年迈体衰的祖父祖母；叔父又刚刚丧偶，尚未找到活干；下有幼小的弟妹嗷嗷待哺。林纾的大姐担心小林纾乱跑出意外，将他锁在卧室里，自己拥着弟弟妹妹，围着母亲哭泣。为了支撑家庭，母亲和大姐只得熬夜赶做针线活。母亲不忘安慰和自己一起辛苦做工的女儿：“今晚我们熬夜赶出3件，可以挣得400多钱，明天，祖父、祖母和你们兄弟应当可以吃饱了。”日后，长大成人的林纾，在历尽生活的艰辛后，方才深深体会到其中无法言说的心酸与悲凉。

屋漏偏逢连夜雨。此时，林纾玉尺山家中所居房屋，又被横行霸道的举人陈莲峰强行以低价无理索回，以至于林家全家只得迁到城南的横山老屋居住。横山即今福州吉祥山，当时是城市贫民的聚居地，山上“古树浓墨，群鸽悲啼”。在这里，林家生活更为凄苦，全家人有时一天只能吃两餐饭，甚至一餐，每月总有五六天揭不开锅。林纾自小酷爱读书，常常饿着肚子上学，虽家中贫困，却得到家人的全力

太学是由汉武帝最早在长安设立的国家最高教育机构。最初仅设五经博士，还有50名博士弟子，此后科目及人数逐渐增多。



支持，不曾中断学业。一次，母亲悄悄塞给他4文钱，让他上街买汤饼吃后上学。回家后，林纾才知道家中已经断炊，全家人都没吃饭。小弟弟绕着烧着开水的锅在问："是粥吗？我饿啊！"祖母则在一边悄悄流着眼泪。

这种苦难的生活，今天读来仍令人心酸。

## 外祖母的荔枝家训

因家中时常断炊，慈爱的外祖母郑太孺人心疼外孙，将5岁的林纾带到自己家中抚养。林纾的外祖父陈元培，曾在当时国家最高学府"太学"读书，是清朝的"太学生"。但因其去世较早，所以林纾外祖母的生活并不宽裕。知书明理的外祖母疼爱外孙，但教育严格，育人有方。她用《孝经》作为启蒙课本，开始教林纾读书识字，希望外孙能认真读书长本事。她还常说，小孩如果没有志向，从小羡慕美食，长大了最多不过是个平庸之辈。

地处南国的福州城，阳光明媚，气候湿润，一年四季鲜花盛开，是瓜果飘香之地。城里一些居民常常在房前屋后种植芒果、木瓜、枇杷、龙眼、荔枝等果树。林纾的外祖母家住龙山巷。其邻居家有一个不小的荔枝园，盛夏荔枝成熟时节，一串串红玛瑙般的果实缀满枝头。看着邻家孩子津津有味地品尝着荔枝，小林纾心里羡慕极了，常在一旁吮指呆望，馋涎欲滴。

外祖母没有说话，而是上街典当了一件衣裳，用这些钱买了荔枝给孙儿及林纾解馋。看到外祖母手中诱人的荔枝，林纾迫不及待地接过。剥开红嫩的外皮，晶莹剔透的果肉里溢出甜津津的果汁，沁人心田。当小林纾正在尽情享受这难得的美味之时，外祖母轻轻地抚摸着他的头说："你已经尝到荔枝的味道了，应当知道，别人吃的荔枝也和这一样甘美，不值得羡慕。"她接着语重心长地说道："孺子不患无美食，而患无大志！"这句话，这个场景，让小林纾记忆深刻，终生难忘。日后，他常常以此话激励自己，并用来教育他的子女。

在外祖母家住了一段时间，在台湾的父亲终于寄了些钱来，于是，母亲把林纾接回横山家中。但家中虽暂无断炊之虞，却依然贫困。一直到1862年，林纾10岁以后，父亲在台湾的生意开始顺利，每月能汇30元钱回家，他的家境才有所改善。

童年时的困顿生活，给林纾留下了太深的印象，使他真切感受到穷苦人生存的不易。晚年他在70岁生日时曾写诗回顾自己的一生，其中两句"畏庐身世出微寒，奇穷竟与饿夫几"，说自己穷困的程度和饿夫差不多。成名之后，林纾常用自己辛苦所赚之钱资助穷人，在《自嘲诗》中，他道出了仗义疏财的原因："却缘多难益怜贫"，因为小时候多难的生活，使自己更具怜悯之心。贫穷使他不屈，贫穷使他坚毅，贫穷使他理解穷人，贫穷使他富有同情心，并且终其一生，不曾改变。

## 赴台助父分重担

少年的林纾，嗜书如命。家境开始好转以后，母亲每天都能给他一些午饭钱。但林纾却只吃半饱，一分一厘地将钱节省下来去买书。

由于家庭的贫困，林纾和同龄人不同，不敢奢望锦衣玉食的生活，读书，便是他唯一的愿望和最大的梦想。然而，命运多舛。在林纾16岁这年，他的读书梦遭到了沉重的打击。此时父亲多病，家中生活再次陷入绝境。作为寒门长子，他不得不中断学业，分担父亲肩上的生活重担，远赴台湾，在淡水帮助父亲经商，将青春时光抛洒在记账打杂等琐事之中。

到台湾谋生，这是林纾有生以来第一次出远门。在这里，林纾随父先后在基隆和淡水经商，接触了社会上各色人等，得以深入地接触社会。在此期间，林纾有幸认识了寓居台湾的侯官人黄韫山，见到了其弟黄笏山赠李彤恩的一幅长松巨幛。此幛奇古苍郁，有一鹤站立巨石之上，振翅欲飞。林纾钦佩不已，常常在这幅巨幛前驻足揣摩，吮笔摹抚不下数百次，从此开始对绘画产生浓厚的兴趣。



林纾幼时，家里便向同乡的刘有棻提出了儿女的婚事，有换帖之意。刘有棻前往林家相婿之时，恰好看到林纾和一群顽童在玩耍嬉戏，心中顿生不悦，觉得这个孩子将来不会有大出息，因此什么都没说就走了。林纾赴台随父经商后，父亲觉得儿子已长大成人，于是托人再次向刘家提亲。此时，刘有棻读到了林纾从台湾写给外祖母的一封家信。在信中，他仿佛听见了林纾的哭声，非常感动。再三品读之下，他觉得按林纾的性情，虽然将来恐怕不会富贵，但懂得感恩，性情真挚。这样正直的青年，女儿可以嫁给他。于是，他答应了这门亲事。

## 屡遭丧亲之痛

1869年，林纾18岁了，此时他寓台已达3年。18岁，是成年的标志，也是人的一生中成家立业的起始。这年，在莺飞草长的暮春四月，家中来信催促林纾回家成亲。他于是整装回乡，和刘有棻温柔贤淑的女儿刘琼姿完婚。婚后刘琼姿挑起了家务的担子， 让林纾专心读书，准备考取功名。他俩琴瑟相和，恩爱有加，生活开始有了起色。

命运似乎在捉弄林纾。这种平静的生活仅仅过了一年。林纾19岁那年，年迈的祖父撒手西归。不久海峡对岸又传来了晴天霹雳般的消息：在台湾一家公司任会计的叔父被人诬告侵吞钱款，林纾父亲为了替弟弟解困，倾资赔偿，因心力交瘁而病倒，且病情严重。身为长子的林纾不得不告别新婚的妻子，赶到台湾将父亲接回家乡的横山老屋。

横山老屋只有3楹陋室。为了让父亲得到更好的休息与治疗，林纾腾出了自己的新房，和妻子搬入只能容纳一床一桌、侧身才能进入的小耳房。他四处求医，不分日夜地和兄弟姐妹及妻子轮流守在父亲床前看护。但父亲的病仍在一天天加重，终于在回乡40天后不幸病逝。父亲，林家最重要的顶梁柱，就这样在生活的重压下轰然倒下。祖母受不了接二连三的沉重打击，不久也溘然去世。一年内亲人相继离世，“丧葬接踵”，家中经济来源断绝，青灯照壁，满目凄凉，顿使成年不久的林纾“悲梗劳顿”，筋疲力尽，痛苦万分。日后他在《先妣事略》中回忆说，19岁这年是他人生中最为痛苦的一年。直到晚年，他在《示儿书》中还提及：“十九岁，尔祖父见背，苦更不翅！”

20岁那年，在岳父的资助下，林纾得以继续读书，到陈蓉圃先生门下学写八股文，为科举考试作准备。颇有些才学的刘有棻一家，从曾祖父一辈起，四代都是苦学孔孟之书的读书人，但一直都没有一个人在科举上成名。因此，岳父对林纾寄予了莫大的期望。刘有棻爱读《资治通鉴》，擅长作诗。他常常给林纾讲解道学源流，两人相谈甚欢。林纾每次赴县应试，哪怕刮风下雨，岳父都坚持把他送到试院，希望他能早日科场得志。

但到了21岁那年，由于经济原因，林纾不得不再次中断读书之路，到一户王姓人家任塾师课蒙学。25岁那年，他又到好朋友王薇庵家的老屋设馆，以教书维持生计。

但是，教书的微薄收入不足以养家。林纾19岁的胞弟林秉耀见家中困顿，酷爱读书的哥哥不得不放下学业为生计操劳，于是私下与母亲商议："哥哥嗜好读书，但家业未立。我应当远行去挣钱，来帮助哥哥完成志向。"他想去台湾，寻找叔叔帮助谋事养家，好让哥哥安心读书。林纾深知在台湾谋生的艰辛，极力拦阻。无奈弟弟主意已定，等到林纾离家赴试时，毅然辞别家人，奔赴台湾。



近一个月后，家中收到了弟弟从台湾给母亲寄来的一封信。林纾立即拆信，细细读给母亲：

> ……儿自拜别慈颜，一路顺风，不曾吃苦。今已到达台湾，万望母亲善自保重，勿以儿为念！儿的床铺不须移动，还放在原处为好。这样，母亲在那里坐卧就会时常感到儿子还在身边……

在如豆般昏暗的油灯下，林纾似有不祥的预感，拿着信的手一直在发抖。果然，这年9月，厄运再次降临到这个已极度不幸的家庭。林秉耀去台湾时，正赶上当地瘟疫流行。仅过了短短4个月，他便染病而亡。

噩耗传来，全家痛哭不已，林纾母亲更是悲痛欲绝，哭喊着将头往柱子上撞去，强烈的悲痛笼罩着这个不幸的家庭。想到弟弟为了自己客死异乡，林纾心如刀绞，忍泪拉住母亲。整整两天，家中都没动烟火。

为了宽慰母亲，林纾提出将自己的长子过继给弟弟，并马上启程，赴台奔丧。时值秋冬之交，林纾含泪赶到台湾，一路凄风苦雨，扶棺回乡，将弟弟安葬在父亲墓旁。在《亡弟秉耀权厝铭》一文中，他悲叹自己因为不能养家而连累弟弟丧亡异乡，自责、后悔之情溢于言表。直到晚年，失弟之痛仍沉淀在他的心中，挥之不去。他日后的作品中，也常常流露出这种悲凉激楚的格调。

接踵而来的一连串不幸，使林纾的精神和身体都备受打击。过度的劳累和悲伤，使林纾患上了当时被视为不治之症的肺病，每天咳血，病情严重时甚至咯血盈碗，直到十年后才痊愈。

多年后，已成为闽学堂国文教师的林纾站在讲台上，在讲解韩愈《祭十二郎文》时，文中“呜呼！吾少孤”的一句感叹，便使他泪如雨下，泣不成声。这句话，他用了一节课也没说完，而这篇文章，他整整讲了4节课。

# 第二章

# 终身不为伪：畏天循分的祖训

林纾是一位典型的传统读书人。他自小深受祖母“畏天而循分”教诲的影响，一生本分正直，忠君孝亲，持守伦理纲常；自强自立，不贪富贵，真诚待人。

## 循分质朴的家风

林纾自小家教严格。知书明理的外祖母、事亲“纯孝”的母亲、辛勤劳作的姑姑……她们都有着中华民族一脉相承最善良的人性和淳朴的美德，在林纾成长的道路上留下了不可忽视的影响。慈爱的母亲是一位贤良的妇女，待人至诚。她经常教导林纾“要做一个有出息的人，必定要好好读书”。她以自己的行动教导林纾，让他做一个正直、有爱心的人。外祖母要林纾立大志、不要做只羡慕追求衣食、只知吃喝的俗物的教导，使林纾深感自己一生受益。在《谒外大母郑太孺人墓记》中，他说自己一生受外祖母的教诲“为多”。成人后，岳父也常常以儒家的安身立命之道教导勉励他，使忠孝仁义成为他做人的准则。终其一生，林纾始终以忠报国，以孝事亲，以仁义交友。

在长辈给他的教育中，安贫乐道的祖母对林纾的教育和影响最大。

林纾的祖母通情达理，颇有几分见识。她为人温和，以孝心精心服侍公婆。因此，林纾家中虽然贫寒，但家庭气氛始终温馨和谐。林纾11岁时，读书的欲望越来越强烈，每月都将母亲给的饭钱节省下来到小书摊购买便宜的残破书用功阅读，几乎到了痴迷的地步。不到16岁，林纾所买所读的书已有3橱之多。祖母看到后虽十分高兴，但仍

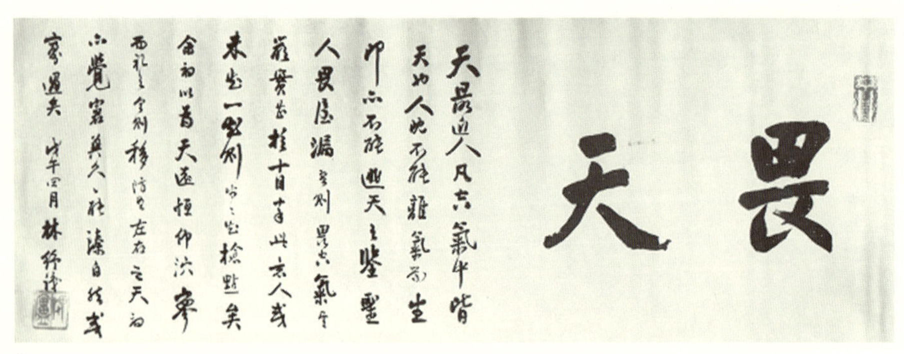


横批“畏天”（1918年作）

不忘教导他："我们家世代务农，你能改变为读书做官，当然很好。但是，你不能像城里的某公那样，身为高官，还被人砸烂轿子，捣毁门户。人不务正业而居高位，是耻辱！如果你能像你祖父一样谨慎诚实，畏天而循分，就足够了！"林纾先祖世代务农，生活艰辛，本分做人，所以祖母对通过科举当了官却不做事的伪善者深恶痛绝。她希望自己的孙儿要学会敬畏天道，安分守己，无论做人做事都要正直本分、谨慎诚实，不要一味贪求富贵。

祖母的这段话深深影响了林纾，在他以后的生活道路上打下了极深的烙印。从此之后，"畏天循分"的祖训便牢牢刻在他的心中，"终身畏""不为伪"成为他的人生准则。他日后自号"畏庐"，取的正是"畏天循分"之意。

## 终守"畏天循分"准则

林纾将"天"视为天道，认为"天"代表人世间的伦常礼义。天道不可违，人只要笃行忠孝节义，自然会得到上天的庇护。因此，他时刻提醒自己敬畏天道，遵循伦常礼义，克制欲望，安分守己。在《述险》一文中，林纾记录了自己十年肺病得愈、母亲终得善终等敬天得佑之事。在文中他说，自己曾冒险收留不幸身染猩红热病的周太史夫人与其一子一孙，医生劝告他尽快让病人离开，免得传染家人。但林纾认为，将家室一空的周氏打发出家门，是置其于死地的做法，自己于心不忍，"虽得祸，甘也！"最后，周氏及子孙全部痊愈，而林纾全家30余人，先后有9人染病，他的第六个儿子和幼女差点身亡，前后花费医药费千余元。在这期间，林纾照样镇定地读书作画。他的侄儿和已出嫁的女儿对他的做法十分担心，林纾自信地回答说，普通人为了一己私利而冒险，自己是为了大义而冒险。他相信自己敬畏上天，上天会保佑自己的义举，因此大胆冒险。他还将这几次事件中有惊无险、化险为夷归功于“天”。由此可见，他心中的天，并不是民间神秘命运主宰的认知，而是能明察人间善恶、鉴察人心的道义之天。因此，他始终按君子的职责和本分要求自己，诚心敬意笃行伦常礼义，“畏天之心与年俱增”。

1893年冬，林纾弟子刘永祺在福州龙潭精舍“浩然堂”右侧为林纾修筑一室，林纾为其命名“畏庐”，并撰《畏庐记》一文。在文章的结尾，他说道，将筑室名为“畏庐”，是为了防“伪”，只有防“伪”，才能“循分”。他希望自己能终身保持真诚。这以后，林纾所有的文集均以“畏庐”命名。直到60多岁时，1915年春节前夕，林纾还在自己北京宣南新居的门宇上亲笔手书“畏天”二字，以表示自己不忘祖母的遗训。

因为林纾“畏天”，所以他虽狷狂，但内心仍有深深的仁爱之心；因为他“循分”，所以他奉崇纲常，固守一端，注意检点约束自己，真诚待人。他后来常常教导儿子要勤读书，自立自强。他厌恶懒人馋人，反对依人而食、不劳而获，主张以勤奋自食其力。在《畏庐琐记》中，林纾讲了一个“老饕”的故事，大意是：

有一个“老饕”（贪食之人），只要有朋友聚饮，他总是不召而至。久而久之，令人生厌。一日，一位朋友想出一法惩治他，于是在楼上设酒席，将楼上的木地板预先锯出一块方形区域，上面放置坐榻，四个角留着未锯断的锯锋。如果有人坐在此处，就会和坐榻一起坠到楼下。部署刚结束，这个馋人就来了，踞筵大嚼。但一直到筵席即将结束，他都安然无恙，没有坠楼。宴会主人心生怀疑，下楼查看，见有4个鬼各自抵着馋人的坐处，使他不至于坠落楼下。主人诧异地说：“这个馋人，我想要让他死，你们为什么要抵着我的楼板帮助他？”鬼笑着说：“这个人活着累着你，如果死了，就将连累我们。我们并不是要救这个馋人，只是防止自己破钞罢了。”

在这个故事里，主人希望馋人死，而鬼却要他活。人和鬼之间看似有矛盾，但出发点都一样，都是害怕自己破钞受损失。似“老饕”这种贪图享受、依附他人的贪食之人，不但令人生厌，连鬼都憎恶他。由于他又贪又懒不自立，不但没有做人的资格，连做鬼的资格都没有，实在令人悲哀！林纾在这个故事里表达了自立自强、老实本分做人的思想，流露出对当时社会上某些人为追逐名利而放弃独立人格现象的痛恶。林纾成名后，不少权贵都出重金请他写文或作画，但常常被他拒绝，表现了其狷狂而又循分的本性。

畏天循分的祖训，使林纾一生的生活来源全靠自己的劳作。他一生膝下共有七子五女，先后为亲友抚养过七八个遗孤，在很长的一段时间里，全家都靠他的一支笔养活。在他的一生中，除了几次短期中断教学外，几乎没有离开讲坛。另一方面，他满怀仁爱之心，同情弱者，尊重劳动人民，愿意同卖菜的小摊贩做朋友，而且为书塾里的穷教师甚至僮仆立传，将悲悯的目光转向卑微的小人物和平凡的芸芸众生，表现了悲天悯人的仁爱情怀。

他是一个感情热烈、疾恶如仇的人，极富个性锋芒。在《冷红生传》中他说自己“家贫而貌寝，且木强多怒”。“貌寝”指自己相貌难看，这是林纾自谦之词；“木强”则指个性刚强。林纾具有血性气质，一辈子喜骂人。可以说，他晚年的木强、保守、固执与坚持，是其倔强多怒与狷狂性情气质表现的一扇窗口，其中也蕴含着他畏天循分的传统文化情结。这种蕴含激情与血性而又本分正直的生命情调，伴随着他的一生，渗透在他的作品之中。

# 第三章

# 读书则生，不则入棺：林纾学习的故事

林纾自幼立志发愤读书，毅力惊人。他在贫寒困顿中寻找一切机会学习，同时顽强学画。40 岁之前，他几乎无书不读，为日后成为一代文宗打下了坚实的基础。

## “读书则生，不则入棺”

林纾小时候家穷，无力供他上学。一天，小林纾随外祖母上街，经过一家书塾，被里面飘出的琅琅读书声所吸引。他情不自禁站在窗外，一字一句地跟着朗读，一直到屋内读书声停止，他才恋恋不舍地离开，兴奋地对外祖母大声说道：“他们念的，我也会了。我也要上学！”外祖母苦笑着叹了口气，拉着外孙的手快步离开了学堂。

此后，小林纾常常偷偷溜到那条街上，驻足书塾窗外旁听。一次，外面下着大雨，站在窗前蹭课的林纾听得入迷，全然不觉自己已经被雨淋湿。塾师见大雨随风斜飘入室，急忙去关窗，发现了神情专注地冒雨站在窗外的小林纾，急忙将他带入室内。询问之下，才知这位小孩叫林纾，渴望读书，但因家穷，不能供他读书，因此只好偷偷到这里蹭课。

望着满身雨水的小林纾，塾师甚为感动，心生同情，破例允许他免费旁听。一代文豪林纾就这样以旁听的形式，开始了自己的读书生涯。这一年，林纾5岁。

虽然后来林纾因为其他花钱请塾师的家长不满而无法继续旁听，但是读书的种子已深深植入了他的心田，他开始四处找书阅读。买不起书，他便想方设法借书来读，借到后便一笔一画地认真抄写下来。有时，他甚至去垃圾堆里捡破书，哪怕只有一页。他把这些残页收集起来，一张张细心粘好，一本本补齐。有人见他如此嗜好读书，偶尔也送他几本旧书，他都会高兴地收下，一有时间就一遍遍翻读，直到背熟为止。

林纾7岁时，家境略有好转，家里将他送到书塾。他将母亲给的买饼钱积攒起来买书。因深知家中不易，林纾读书更加勤奋，毅力惊人。他曾在墙上画了一具打开盖子的棺材，并在旁边写道：“读书则生，不则入棺！”只要自己活着，就要读书，不读书，不如死去！他

将这8个字作为座右铭，时时鞭策自己。

10岁那年，为找书读，林纾在叔父的书橱里发现了《毛诗》《尚书》《左传》和《史记》等藏书。他高兴极了，如获至宝，如饥似渴地阅读起来。在这些书中，他尤其酷爱《史记》。司马迁激愤悲壮、慷慨淋漓的笔调深深吸引着他。读完这些书后，他又用平时积蓄的一些零钱在旧书摊买了残本《汉书》和零散的古籍阅读。他经常手不释卷，起五更睡半夜地摘抄，每天晚上坐在母亲做针线活的油灯前苦读。

年轻时苦读的记忆，深深印在林纾的脑海之中，直到晚年仍历历在目。在《周养庵篝灯纺织图记》一文中，他曾深情回忆起这一段经历，大意是：

> 回忆起父亲去世时，我年19岁……横山老屋，夜正深沉。小窗外古树浓荫里，不时传来猫头鹰的悲啼。我手扶书卷，就着母亲、姐姐刺绣、纺织用的青荧灯火，埋头夜读，每晚一定要读完一卷书才去休息。机声夹杂着咿呀的读书声，在横山故宅的夜色中传回，直到深夜方才停息。

横山夜读的情景，林纾日后回忆起来仍是感慨万千。他的画作中也常常出现读书的场景。

11岁时，林纾开始跟居住在横山的薛则柯先生读书。性情放达的薛先生是饱学之士，林纾日后在《薛则柯先生传》一文中回忆道：先生长须玉立，对七经能倒背如流，但性格却耿直古板，好触犯人。他是闽中望族，族中同辈人有3人考中进士，而他却始终不为富贵所动。他家中生活贫困，却不改其乐。他鄙弃八股文，鄙视功名利禄，脾气直率，刚正不阿，不为族人所容。因此，他移居横山，不与族人往来。有人慕名请他做塾师，他于是在家中设帐授徒。有时他在家门口榕荫如盖的一块平地授课，身边五六名童子环绕而坐，一起读书。他喜欢欧阳修的古文与杜甫、岑参的诗歌，教小林纾他们这些学童时，他不教科举考试中要用的八股文，而是教他们阅读《孝经》、欧阳修文和杜诗。

看到林纾读书刻苦，悟性高，薛先生十分器重林纾，给他起了个学名："徽"。他不仅教导林纾读书，而且教他如何做人，告诉他熟读欧文杜诗，可以使人视野开阔，心胸宽广。林纾与这位耿直的塾师脾气极为投合。

因为贫困，薛先生家中经常断炊。一次，细心的林纾在读书时，发现老师家里又没有生火做饭。他急忙回到家里，情急之下找出父亲的一只袜子，悄悄盛上米给老师送去。不料，空着肚子吟诗的老先生不仅不收，反而呵斥他："徽，你已经11岁了，竟还敢偷东西吗？……当请你的母亲惩罚你！"林纾再三解释，说这米不是偷的，是从家里拿的，并哭着说道："先生从清晨教学生古文和诗歌，过了中午仍未能吃饭，我对着饭菜不能下咽！"虽然如此，但先生怎么也不肯收下。

回家后，林纾将此事告诉母亲。母亲听后，笑着对他说："你给老师送米是好事，但不该用袜子装米送人。"于是，母亲找来一只大袋子，装满了米，找人送给薛先生，并再三叮嘱送米的人，说这是林纾的父亲让送的，请先生一定要收下。

此时林纾的家境刚刚有所好转。母亲的宽仁厚德、同情疾苦、慷慨大度与薛先生的安贫乐道，拒收无来历、无名分之赠的行为，都使他受益匪浅。林纾一生待人极诚，乐于救助他人，无疑是受到母亲深刻的影响。

跟随薛先生读了两年书后，薛先生让他另择老师。他对困惑不解的林纾解释说："让你另择老师，是为了让你学习应对科举考试的学业。我认识一位朱先生，你随他学习吧！"在当时的社会环境下，如果想施展抱负，光宗耀祖，只有科举仕进这一条路。林纾答应了薛先生，跟随朱韦文先生学了两年的举业。但他内心深处念念不忘的，仍是操守坚贞的薛先生。在《薛则柯先生传》中，林纾称他为"隐君子"。

从13岁到20多岁，林纾一边读经史，一边遍览群书，校阅残烂古籍不下2000卷。虽然时常发病咯血，但他丝毫没有放松学习。

在岳父资助下得以继续读书的林纾，因诗文得到福建督学孙诒经的赏识，于28岁那年破格被选入县学读书，到课秀才的致用书院学经义，第二年“补弟子员”，成为秀才。31岁那年，他认识了晚清名臣沈葆桢的外孙李宗言。李宗言、李宗祎两兄弟是福州著名的藏书家，林纾见其家中积书连楹，心中大喜，于是一一借读了李氏兄弟的三四万卷藏书，为日后成为一代文宗打下了坚实的基础。

## 历经艰辛诗画路

好学的林纾，始终念念不忘旅居台湾时产生的绘画情结，学习绘画的念头在他心中越来越强烈。尽管肺病时常发作，但他还是在22岁那年拜石颠山人陈文台学画。

石颠山人能诗工画，特别擅长画松石竹兰，且颇具功力。看到林纾羸弱的身体，他很担心林纾无法坚持学习。可是，当他接过林纾呈上的10首诗细细展读之后，心中却不由暗暗叫好。诗中灵动的诗意空间、雅致的审美情趣，散发着不加掩饰的真性情，洋溢着不羁的才气。诗画相通，其中的气质神韵和无法言传的意境，展现出了很高的文学艺术天赋。他认定，这是一棵学习绘画的好苗子。于是，山人抬头对林纾说：“好诗！气势雄伟舒

西塞钓徒（1911年作）

展，声韵悠远而又回味无穷，作画也当如此。只是，你要当心自己的身体，持之以恒，不要半途而废。”

林纾喜出望外，点了点头。

在山人的精心指导下，他从花鸟画开始，系统地学习传统的绘画技法。他抱着羸弱的病体，刻苦学习，先后模仿了徐渭、八大山人、郑板桥、黄慎、华嵒、谢琯樵等画家的花鸟画作。他后来在《石颠山人传》中自述道，他从20到30岁的这段时间，有时每月吐血一斗多。其间没有吃药，病情也没有加重。但自己没有一天离开书，也没有一天停笔不画。自己心里盘算着，如果明日就死去，那么到今日，自己已经饱读诗书，并且用画娱乐过自己了。十年来，他以书画疗病，在临近而立之年时，在当时被视为绝症的肺病竟然痊愈了！

在向山人学习翎毛用墨之法后，林纾又将这种技法运用到山水画作上来，取得了很好的效果。山人惊异于他的聪颖和悟性，师母刘夫人见他勤奋聪颖，也非常喜欢他，每次林纾到来，她都亲自备酒菜招待他。林纾与老师常坐在桌旁，一边吃菜喝酒，一边讨论绘画技巧，进步很快，颇有收获。

苍霞幽居图（1921年作）

对这位恩师，林纾终身不忘。山人晚年贫困，林纾每年都不忘给恩师送钱送粮。山人去世后，林纾待师母如待恩师，在生

添香图（1917年作）

积翠图（1919年作）

活方面尽力帮助。为缅怀先生，他撰写了《石颠山人传》一文，深情回忆自己在恩师家里学画的点滴往事。

综观林纾画作，他的山水访胜纪游，多为故乡福州苍霞望龙台一带的风光，流露出对家乡浓浓的爱。如《苍霞幽居图》，他描绘了万竹扫天、池荷送馥的读书环境，画面自然，动人心弦。林纾十分向往这种清幽安宁的读书场所，发出了“不知修得几生才能享此清福”之叹。他以山水寄托心情，在《添香图》中，借助远离世俗的怡人环境，抒写美人相伴读书的温馨，营造出琴瑟相和、令人陶醉的氛围，温婉动人，颇富情趣。在《积翠图》中，宁静的溪光山色里，绿色的垂柳掩映着数间茅屋，若隐若现，恬淡自适的主人正披卷静览，同样透露出林纾盼望远离世间纷扰、静静读书的理想。后来，他又自学人物画，笔法清圆。在他山水画作中出现的人物，大都为垂钓老叟、横笛雅士，或幽居读书，或灯下对谈，或空山独坐，或踏雪寻梅，或文人雅集，传递出作者内心的高洁和他的审美情趣。在送给四子林琮的《西塞钓徒》一画中，画中人物轻松愉悦，稚气可掬，生动传神，代表了他人物画的成就。

具有深厚文学修养和精到书法功底的

林纾，几乎每画必题诗。在《畏庐诗存·题画诗》中他说自己每作一画，一定要拟一首绝句题在画上。他将诗画融为一体，清疏淡远，自然天成，表现出不加掩饰的真性情，是林纾书画作品的一大特色，被人称为“诗书画三绝”。

在此摘录二三首，以供品鉴。《题画诗》第十五首：

老树无声水不烟，危峰一白欲穷天。

任他砭骨寒威重，不到袁安卧榻边。

前两句极力描写大雪的肆虐，令人感到寒威逼人。在这冰天雪地的寒气中，一座危峰依然傲然耸立，显示出林纾傲岸不群的气魄。他以东汉气节高洁的贤臣袁安自况，表示自己无论环境多么恶劣，仍安然自若，表现出在政治逆流中坚守情操的人格气质。

在《续题画二十首》第十三首中他写道：

万壑顽云变幻奇，潨雷起处黑风吹。

下方失箸应无数，说与山人似未知。

这首诗渲染了画中风云变幻的景色。在群山耸立的山壑中，凶恶的黑云瞬间变幻，惊雷起处，妖风劲吹。诗歌起首二句突兀陡起。林纾在这里用万壑、顽云、潨雷、黑风等意象，渲染出暴风雨来临之前的沉重压迫感和令人窒息的气氛。接下一句，他用刘备托言闻惊雷而失箸的典故，喻天下割据纷争的军阀“无数”，令人顿悟画中的风云变幻实为军阀纷争、时局动荡的象征。末了“说与山人似未知”的诗句，直接表现出对军阀混战与纷乱污浊世界的厌恶与藐视，透露出他不屑与之为伍的高傲情操。

在《题画诗》其十三中，林纾吟出了“遥想故园春半后，轻烟焙出女儿茶”的诗句，轻柔蕴藉、淡雅自然的意象建构，流露出作者对故园的眷爱，传达出含蓄不尽的意蕴，散发着温柔沉静又不乏深沉的魅力，展示出其特有的细腻委婉的风格，有一种独特的美学气质。

作家寒光称赞林纾说：“他的题画诗，的确太妙了，实在话说，假如他不会古文，不曾翻译，只作诗、作画，也就够在中国名人席上占一个位置。”

通过多年发奋刻苦的学习，林纾具备了扎实的绘画功底，使绘画成为他一生的志趣和晚年生活的主要来源。他所作的都是境界极高的文人画。比他稍晚些的著名艺术教育家陈师曾认为：“文人画之要素：第一人品，第二学问，第三才情，第四思想，具此四者，乃能完善。”林纾可以说无不契合，而尤以人品高洁和诗、书、画合一，为世所罕见。他常常将春山、疏柳、翠竹、茅屋、柴扉、江水、溪桥、小舟、烟岚、云霭等景纳入画作，加之高超的题画诗艺术，透露出对祖国河山的挚爱，并能托画言志，风格清秀雅逸，画名轰动京城，声誉极高，当时求画者甚众。他勤奋过人，至老不倦，为后人留下数以千计绘画佳品，终于成为20世纪20年代的画坛巨擘。

## 诗画中的举人生涯

在努力学画的同时，林纾也在尽力读书赶考。1882年9月，31岁的林纾中为举人。同科中举的乡人有近代大诗人陈衍和知名文人李宗言、高凤岐等人。写有“文魁”两个大字的牌匾醒目地悬挂在莲塘旧宅林家大门的上方，成为林家的骄傲。

中举后不久，林纾从横山迁居琼河，后又迁至南台江中的洲岛——苍霞洲，住在江南的桥畔。苍霞洲有居民百家，虽地处城市边缘的郊区，却风景绝佳。宽广美丽的闽江就在门前，白帆点点，水鸟翻飞，水波潋滟，秀色尽览，令人心旷神怡。江上的水上人家，自由自在，他们从不畏惧江中的风浪之险，而是任随船帆执着地朝自己的方向前行，给林纾留下了极深的印象。晚年他在北京回忆家乡的苍霞洲时，曾在一首题画诗中写道：

江上安居四十年，开门逐处水簇鲜。

心头未蓄风波险，一任蒲帆向那边。

诗中展现了家乡的水上人家不畏风浪、任性自适的自在生活，这种不计风险、无拘无束、向往自由的本真性情，与林纾不计毁誉、执着倔强的狷介性格有着许多共通之处。

林纾在苍霞洲的居所有屋5楹，前轩种着数十竿竹子。每逢夜晚，竹影摇风，婆娑有致，映在纸窗之上，给林纾的生活增加了不少乐趣。林纾在这里或伴涛读书，或与家人围坐交谈，度过了15年难忘的时光，并将其中的生活点滴充满深情地记载在他的散文《苍霞精舍后轩记》里。

考中举人后，林纾的交游更为广泛。他以举人的身份出现在福州的文坛上，广交名士。他参加了福州支社的唱和活动，与闽中时彦名流李宗言、周长庚、陈衍、高凤岐等19人一起，每月数次集会，飞觞咏诗。因正当国家多难，他此时的诗歌，皆含悲凉激楚之音。

在这段时间里，他读的书越来越多，眼界也更为开阔。中举，使他的人生翻开了新的一页。

大龍湫圖

# 第四章

# 少年里社目狂生：林纾的自负与狷狂

青少年时代的林纾，颇有几分侠气和狂态。他生性高傲，才气过人，不愿向人低头俯首。人生的苦难、世态的炎凉使他更加愤世嫉俗。他我行我素，喜怒形于色同时又重情重义，尽倾侠肠义胆，极富个性锋芒。

## 备尝人间冷暖的“狂生”

经过十几年的刻苦学习，博闻强识的青年林纾已成为才华横溢的骄人才子。他不仅能诗能文能画，还善于拳术，精通剑术，才气过人。然而，作为在穷困之家出生的人，因贫困而遭受的歧视和白眼，使性情刚直的林纾从小就深深感受到了世态炎凉。他21岁就开始教蒙童以养家糊口，贫病交迫，上有老母须要赡养，下有幼儿嗷嗷待哺，而家中生活每况愈下，亲戚厌其贫薄，朋友故旧不相过问，乡人不齿，备尝人间冷暖。在《亡室刘孺人哀辞》中他说自己从得病开始，处境越来越困苦，亲故不相过问。于是挥笔写诗，抒发心中的激愤与不平，乡人日益将他看作狂生，不敢接近。他平时好带剑饮酒，有时在街上目无旁人，身佩一柄拳师方先生赠送的青霜长剑，漫步街头，仰头高歌，被酒行吟，我行我素，旁若无人，状若游侠，是当时福州城著名的“三狂生”之一。林纾的朋友，同为福州籍的末代帝师陈宝琛也在《林纾七十寿序》中评价林纾说：“少以任侠闻，事亲至孝，顾善骂人，人以为狂。”

晚年时，林纾回忆往事，曾写诗感叹：

少年里社目狂生，被酒时时带剑行。
列传常思追剧孟，天心强派作程婴。
忍寒何必因人热，趋义无妨冒死争。
到此一齐都忏悔，道书坐对短灯檠。

这是林纾在《七十自寿诗》中为自己青年时代所作的自画像，狷狂之气，溢于言表。诗中说自己少年时，常常酒后带剑任侠，以奇节自负，被乡里人视为狂生。他读《史记·游侠列传》，常思效法西汉以侠义自任、救人急难，死后家无余财的著名游侠剧孟。他像春秋时晋国义士程婴抚养赵氏孤儿一样，为亡友精心抚养孤儿。人何必趋炎附势呢？为了大义不妨冒死相争。如今晚年对往事心生忏悔，于是坐在灯下翻看自然无为的老庄著作。

确实，林纾是个感情热烈、嫉恶如仇之人。他自小生性多怒，不容不平不义之事，经常骂人。了解他的家人都知道他的这种性情。他叔叔在他幼年时就曾说道："这个孩子虽然善于读书，但看他脾气躁烈不能容人，我知道他将来不能忍受官场的环境。"他母亲也说："我的这个孩子憨直、重义气，对待我也是这样。今后不可以让他接近有权势的显要人物。"他自己也说，自己从小刻苦自励，恪守虽贫也不谄媚人的信条，以至于困乏饥饿不能振作，在言行上却越加放纵，气势越加张扬，乃不知是因贫贱而傲视他人。

自负的林纾也结交了几个挚友，相处甚欢。

## 歌哭狂饮的林述庵

林纾同年举人、闽派诗首领人物陈衍在《石遗诗话》中说道："光绪初年，福州有三狂生：皆林姓：一畏庐，一述庵崧祁，一某。"林述庵是福州城门人，是个喜爱作诗、不拘小节之人。一天，他听诗友林庾园说，福州城有个叫林琴南的人（林纾字琴南），为人狂傲狷介。林庾园和他论诗时，有时意见不合，居然会遭到他的怒斥。林述庵听了之后气愤地说："我们找个机会，在大庭广众之下，折倒这个狂徒！"

时隔不久，林述庵读到了林纾《陈节妇吟》一诗，被诗中悲凉之音所打动，十分钦佩作者的才华，不由产生了见见林纾的想法。于是，他约林庾园一起写了封信给林纾，倾吐仰慕之情，热情地邀其在台江桥南水榭中见面。

台江地处闽江下游，江面宽阔，水陆交通发达，是福建各地货物的集散地。这里商贾云集，歌楼酒馆荟萃，商贸民居会馆星罗棋布，市场繁荣冠福州之首。桥南水榭地处闽江岸边，朱栏烟柳映衬着水光天色，别具情趣，是纵情歌酒、海阔天空尽兴聊天的好地方。两个年轻人在此一见如故，互吐衷肠。谈到动情之处，正处于孤寂郁郁中的林纾感叹自己终于遇到了真正的知己！他欣喜若狂，纵情大哭，长跪

20世纪初的福州万寿桥（今解放大桥）

不起，二人定为金石之交。林纾不顾自己有病在身，和林述庵斟满三大杯酒，一饮而尽，令水榭中的满堂座客瞠目结舌。两人忘了周围的一切，任人指点议论，不停歌哭狂饮，直到漏下四鼓，酒阑人散。此时，四周一片寂静，不时传来一阵阵江水拍岸的哗哗浪声。

喝醉了的林述庵舍不得离开刚结识的好友，便请林纾同回他的琼河寓斋。在温柔的夜风吹拂下，两人心情激动，打着赤脚，双双扶持，踉踉跄跄地沿江而行。途中见江面夜景秀美，不由借醉意登桥，凭栏而望。朦胧的月光无声无息地摇碎在江水里，波光粼粼，随风荡漾。清风徐徐吹来，林述庵猛然酒醒，长长叹了一口气，感慨地问林纾：“琴南兄，将来我有一天死了，你能像今天这样恸哭吗？”

好友的不祥之语，令林纾感到隐隐不安。他紧紧抓住好友的手，沉默不语。

第二天，福州城里一片哗然。众人将二人昨晚在水榭中的交往情景当作谈资笑料，争相传说他们长歌哭醉的故事，好事者又添油加醋，认为只有疯子才会做出此等怪事。后来，人们将林纾、林述庵、林庾园称为“福州三狂生”。他们的名声传遍了福州的大街小巷。

根据《晋书·阮籍传》记载，在当时血腥杀戮和政治高压之下，文人朝不保夕，动辄罹祸。面对现实与理想的巨大冲突，以饮酒服药、放浪形骸的方式寄托理想、排遣愤懑、保全性命，这成了不愿与统治者同流合污的文人唯一的选择。阮籍于是常常一人漫无目的地驾着马车，不走大路，也不择路径，随马自行狂奔乱跑，途穷路绝，便号啕大哭，然后驱车而返。



林纾和林述庵这两位相见恨晚的朋友，在以后相交的日子中，时有诗词唱和。林述庵曾赠七律四首《寄林琴南》。其一曰：

乾坤如虱几诗明，独自沉吟见饿鹰。
死有狂名魂醉酒，生无媚骨眼成冰。
扬州花月箫声黯，燕市风云剑气腾。
为问高歌人在否，扪胸热血尚稜稜。

“稜稜”者，威严之貌。诗中表现了慷慨豪纵、落拓不羁、醉眼横天、寒光如剑的睥睨尘俗之态。在《寄林琴南》第四首中还有“狂生意气书生胆，敢问君王借太阿”之语，写足了他们狷狂的性情。林纾见诗后，亦感慨和诗四首。其中第一首写道：

屠狗丛中几友朋，怒调恶马架奇鹰。
酒香满市群儿笑，醉眼横天一剑冰。
肝胆向人空痛哭，头颅食肉不飞腾。
栏杆拍遍谁青眼，墨墨愁云月半棱。

这里，“屠狗”指市井中以屠狗为业者，“屠狗丛中”意指草莽英雄。诗中说，自己和林述庵为布衣之交的知己，曾一起“怒调”顽劣不驯的驽马，臂上架着鹰，慷慨豪纵，同样是豪气十足，写出了他们对世俗的蔑视和恣情纵意、豪放不羁的性格。第五句用魏晋名士阮籍穷途之哭的典故，抒发自己感世伤时的心情和请缨无路、报国无门的深沉苦闷。阮籍穷途之哭的举动，看似放达，实则内心极为痛苦。阮籍的痛苦，也正是林纾内心深藏的痛苦。他和林述庵等朋友，同样以这种狂放不羁的方式，表达对现实社会最强烈的抗争。第六句，林纾用班超诗句，发出了自己虽有远大抱负，却生不逢时、不得腾飞的深沉慨叹。诗的结尾，他用宋代词人辛弃疾《水龙吟》一词中“江南游

豪放词人辛弃疾，原本是意气风发的青年抗金战士，23岁南渡后，一直没有受到朝廷的重视。



子，把吴钩看了，栏杆拍遍，无人会，登临意”的词意表达自己的苦闷心情。辛弃疾最苦恼的是没有人了解他的雄心大志。想当年何等雄心勃发，气吞山河，如今受尽冷落、打击，怎能不看着吴钩、拍遍栏杆，发出深沉的慨叹！林纾用此典故，透露出和辛弃疾一样欲报国而请缨无路的悲愤与感慨。这首诗，使人们深深触摸到这位“狂生”内心深处的愤世嫉俗之情和时运不济的极度痛苦。

## 散尽万金住破屋的丁和轩

20岁时，林纾认识了另一好友丁和轩。这也是个任侠尚义、放浪形骸的才子。他出身于富有的家庭，但视钱为身外之物，散尽万金，一贫如洗，只住一间破屋，常常忍饥僵卧。林纾听说，此君可以十天半月不吃不喝，只要有酒，便一醉方休，不由产生兴趣，特意前去拜访。当他踏进丁和轩的小屋，只见阴暗潮湿的破屋里，蚊子和苍蝇到处乱飞。丁和轩独自在屋，正自酌自饮。见林纾进门，他连招呼都不打，便自顾自地大声谈论对文章的看法，一会儿又高声吟诵杜甫的诗歌，旁若无人。林纾不禁心喜，感到丁和轩的性情与自己相投，可以成为朋友，于是毫不客气地席地而坐，和他纵情饮酒论道。两人聊到最后，才互通姓名，抵掌大笑。

日后，他们常常一起高谈阔论，痛斥时俗，遇到不同意见时，往往争论不休，直至面红耳赤，遂成莫逆知己。

喜爱山水自然的两位好友，常常携手同游家乡的美景胜地。一次，他们被福州城西永泰方广岩如世外桃源般的景色所吸引，流连忘返，直至深夜，虎啸声起，方才想起回家。但因月光黯淡，山林深幽，看不清山中的小路。直至四更天，仍找不到回家的路。两人干脆在方广岩阁外的野地里栖息，互望着对方的狼狈相大笑不止。

两人还曾多次结伴游览具有千年历史的风景名胜鼓山，在鼓山的涌泉寺里，拿出带来的牛肉大嚼。寺里的僧人闻到牛肉的膻味，只能双手合十，无可奈何地快步走过，口中连呼“善哉”。两人被此情景逗乐，不由手舞足蹈，狂笑而归。

丁和轩为人侠义，珍惜友情，非常爱护林纾。林纾脾气暴躁，与人意见不合时，往往喜欢争执，因而常常得罪人。一些被林纾斥责过的人怀恨在心，有时借事造谣毁谤他。丁和轩每回都挺身而出，怒斥对方造谣生事，有时甚至激烈到握拳抵几，几乎动武。他极力为朋友讨要公道，却从来不将这些事情告诉林纾。遇到林纾肺病发作，咯血不止，丁和轩每日必到他的床前整日陪伴，安慰并帮助好友。在林纾家中几位亲人相继去世，内心极为痛苦之际，丁和轩不离不弃，总是陪伴在好友的身边，含着眼泪，再三安慰。尤其林纾爱子去世时，丁和轩更是一天数次来到他家中看望，朋友的情谊，抚慰着林纾痛苦的心灵，令他终身铭记。

## 能文能武自狷狂

生性颇有几分侠气的林纾，不仅读书画画，而且还研习剑术，练习拳术。他幼时便常常提剑入山。一次遇见3个强盗打劫一个老翁，一时性起，挥剑将强盗打退，夺回老翁被劫之物，并护送他回家。他曾向乡里很多拳师请教武艺，并向一位有名的拳师方世培先生学过一段时间拳术，深得方先生的青睐。方先生出生在武术之乡福清县茶山，武功高强，非常想培养个徒弟，使自己的功夫能够传承下去，发扬光大。在一次邂逅中，他一眼相中了身子骨虽显单薄但有股机灵和倔强劲的林纾，觉得眼前这个正在和同伴玩游戏的少年是个值得培养的苗子。于是，他极力动员林纾课余跟自己学习拳术。林纾答应后，他悉心教导，将传承武术的希望寄托在年少的林纾身上。为了不耽误读书，林纾学了3个月后，便不再继续跟老师学习拳术。方先生甚觉可惜，特地来学堂找到林纾，赠他一柄青霜长剑作为纪念。林纾非常珍惜这柄长剑，还在剑上刻字。他虽未继续跟方先生学习，但在家中仍坚持练习，每天早晨都要练习一个小时之久。当了私塾先生后，他仍未停止练习拳术。他练起拳来，屋内墙壁都能震动发声，有时甚至打倒击碎门板；舞起剑来，手足矫捷，锋芒毕露。一些家长见他如此勤奋练武，担心他是个粗鄙之人，会带坏孩子，多次将他解聘。但他也常常凭借拳术，将到学馆来的闹事之徒赶出门外，路见不平时也总是毫不犹豫地仗义相助。

在课徒谋生时，学生中有个出名恶霸的儿子，既愚蠢又顽皮，常常惹是生非。一次，他无端闹事，被林纾狠狠教训一番。第二天，恶霸登门问罪，想要动手打人。性情暴烈的林纾二话没说，举起恶霸儿子的书桌，重重地摔到院子里，并用福州方言给恶霸来了句“国骂”。一向趾高气扬、气焰嚣张的恶霸，竟然被这位会拳术的塾师所震慑，赶紧背着书桌，带着儿子狼狈而去。

据说，在林纾七十大寿的寿筵上，他一边和众人说笑，一边持剑舞动，身手轻快敏捷，剑如飞凤，令来客倾倒。

中举之后，林纾狂态依故。一次，40多岁的他到好友高凤谦家里，看望好友的母亲程老太太。喜欢林纾的老太太留他吃饭。在饭桌上，林纾与高家三兄弟边论诗文，边纵谈世道。谈到激动之处，他狂病又发，以胡须抵桌，高声大喊，似有掀翻桌子方能解气之势。高氏兄弟笑而不语，看他发怒，程老太太知他脾气，依旧笑着张罗饭食。一会儿，林纾的气消了，又开始说笑起来。

因担心林纾狷狂耿直的脾气不能被别人接受而吃亏，后来高凤谦在奉命出使罗马时，还特地设宴与林纾告别，力劝他改掉这一毛病。

林纾对自己的古文功底相当自负，在与友人的信中他写道：“六百年中，震川外无一人敢当我者；持吾诗相较，特狗吠驴鸣！”并称自己的一支笔靠在福州南门的城墙上无人搬得动。自称除了明朝的文学家震川（归有光），六百年来没有一个人的古文可以与他匹敌比肩，足见其狂。

林纾的好友陈衍1883年曾写过《长句一首赠林琴南》，诗曰：

林生少年负狂名，与我相逢已长大。
君言识我亦良早，贫贱骄人此人那。
酒酣耳热话童时，折节读书谁督课。
斩蛟射虎百不忧，乡里龌龊横作逻。
台江驵侩本如鲫，酒恶情怀辄骂座。
世人白眼尽欲杀，每值聇毹暗相贺。
……

这首诗写出了林纾“少负狂名”的个性锋芒。“酒恶情怀辄骂座”一句，将林纾耿直的个性表现无遗。林纾不仅对龌龊的现实不满，而且对福州台江横行霸道的“驵侩”（即市侩之徒）敢于直言斥骂，桀骜不驯，因此难免落入“世人白眼尽欲杀”的处境。

自小贫困带来的压抑与苦闷，使原本就具有血性气质的林纾更加任气使性。他将“狂”作为对抗世态炎凉、俗薄人心的方式，在其生命后期更彰显出宁为玉碎不为瓦全的固执。他一生与官场无缘，布衣终老，这和他狷狂的性情有很大的关系。

第五章

# 总角之交两托孤：林纾的义胆侠肠

林纾不仅狂，而且“侠”，为人仗义，有义骨侠肠。对贫贱之交，他一诺千金，生死不渝。他结交过几位至死不渝的挚友，与他们互赠诗文，纵情论道，还将去世好友的遗孤抚养成人，视若己出。

## 无私互助的“总角之交”

在跟薛先生读书时，林纾认识了住在薛先生家附近的王薇庵。王薇庵名灼三，字薇庵。他长相清秀，温厚沉静，经常带着一副思考的神情。他和林纾一样，家境贫苦。父亲去世得早，母亲驼背，行走不便，出门须拄拐而行。他还有两个哥哥，母亲一人含辛茹苦地把三兄弟养大成人，很不容易。孝顺的王薇庵悉心侍奉着老母，对两位哥哥也很尊重。

认识王薇庵的第二年，由薛先生提议并介绍，林纾转到朱先生门下学习。在朱先生的课堂上，林纾吃惊地发现王薇庵居然又坐在自己旁边，原来他也是朱先生的学生。因为性格合得来，两个同学很快就成了无话不谈的好朋友。林纾后来在诗中，称他俩是“总角之交”，即幼年时的好友。

后来，林纾为了养家，当了私塾教师。刚开始时，林纾的塾师生涯不顺，有时甚至没有可以用来授课的学馆。在巨大的养家糊口的压力下，林纾非常焦急，心情十分郁闷痛苦。当时，王薇庵也当上了塾师，他知道情况后，二话没说，马上腾出家中的教馆，请林纾到自己家里设馆授课，他自己则另寻地方设馆。不仅如此，知道好友心中郁闷，每隔几天，王薇庵都会回到家中，与林纾促膝谈心，以化解他心中的抑郁与不平。

对于好友的无私帮助，对于贫贱之交，林纾没齿不忘。朋友有难，他从来不吝惜自己的力量。两人双双中举之后，原本打算一同赴京赶考。临行前，王薇庵因缺乏路费，准备放弃。林纾知道后，马上设法借了200两银子给他，使他不至于错过这次机会。

古代家长将儿童头发分两边束起，向上分开，形状如角，故称总角。

## 抚遗孤视如己出



非常不幸的是，刚过而立之年的王薇庵突然身染重病，卧床不起。林纾得知后，非常焦急，他尽力延医问药，希望早日把好友的病治好。王薇庵心知自己病重，康复无望，便将林纾请到病榻前，握着他的手，流泪将儿子王元龙托付给他："琴南兄，这些日子让你费神了。无奈弟无福命薄，即使是仙丹神方，恐怕也救不了我的命了……也许，我们就要永别了……"望着气息奄奄的好友，林纾心中十分难过，强忍泪水安慰朋友说："你千万不要胡思乱想，安心养病，一定会好起来的！"

林纾走后，王薇庵在临终前对妻子说："你不要担心。我死了，琴南会帮助你的。"妻子流泪问道："刚才你们谈话的时候，你为什么不当面托付他呢？"他用微弱的声音回答道："你放心，托与不托都一样。"说完，便不舍地告别了这个世界。

林纾心中记挂着王薇庵的病情。第二天，他又去登门看望。只见王家大门紧闭，从门缝里望进去，看到王薇庵的妻子正准备上吊自杀。林纾急忙破门而入，夺过绳子，救下了她。她绝望地哭着说："人都没了，我还有什么指望？"

林纾大声说道："薇兄纵死，还有林纾在！"

亲视亡友入殓后，林纾把王薇庵的儿子王元龙带回自己家中养育，同时设法筹措了400两银子供亡友妻子和孩子生活。3年后，王薇庵的女儿要出嫁了，林纾又为她张罗婚事，置办嫁妆，将她体面地送出了家门。

王元龙在林纾家中生活了12年。林纾视同己出，让他与自己的儿子结拜为兄弟，亲自将他教育成人。直到王元龙成家立业、考中了举人，方才送他离开自己家。

失去好友王薇庵几年后，挚友林述庵也不幸病逝。接连失去知己好友，林纾心中非常痛苦。他哭着前去林述庵家中哀悼这位知己。回忆和他从前那些相识相知的日子，当年他俩在台江桥南水榭相识时歌哭狂饮的情景历历在目。林纾伤心欲绝，毫不掩饰心中巨大的悲痛，抚棺大恸，并亲自为亡友入殓。

林述庵还未下葬时，其族人便将他的幼子林之夏托付给林纾。葬礼过后，林纾将林之夏带回家中，也像对待王薇庵的儿子一样，视如己出，情逾骨肉，并送他上学，鼓励他好好学习。林之夏是个有个性的孩子，不喜欢四书五经、诗词歌赋，林纾也不勉强，只是劝他好好学些有用的东西，并教他为人处世、安身立命的道理。林之夏长大之后，林纾亲自为他完婚。林之夏后来进入福州英华书院学习科学技术，并加入了兴中会、同盟会，走上了推翻清朝统治的革命道路，曾任中华民国临时政府军政部长。

晚年林纾抚今追昔， 回首平生， 感慨万千，曾作《七十自寿诗》20首。其四写道：

总角之交两托孤，凄凉身正在穷途。
当时一诺凭吾胆，今日双雏竟有须。
教养兼资天所命，解推不吝我非愚。
人生交友缘何事，忍作炎凉小丈夫？

诗人与王薇庵、林述庵是多年知己，可谓“总角之交”。诗中回顾当年接受两位挚友托孤时，自己也正身处生计困窘的境况之中。但他仍凭自己肝胆相照的勇气，承诺抚养两位遗孤。到今日，转眼之间，他们已经长大成人了。对于他们最终成才，自己虽努力教育，却不敢贪天之功。自己负担两位孤儿教养的费用，似乎是天意使然；辅导两个孤儿的学习，从不吝啬自己的力气。人生交友为了什么呢？自己不忍做被世态炎凉左右的无气节势利小人。字里行间饱含着林纾的感慨与真情。

值得一提的是，后来林纾在编辑自己的诗歌选集《畏庐诗存》时，觉得这些诗有自我炫耀之嫌，因此并未收入集子中。这只是选录诗歌时的一件小事，人们却从中看到了诗人律己之严。

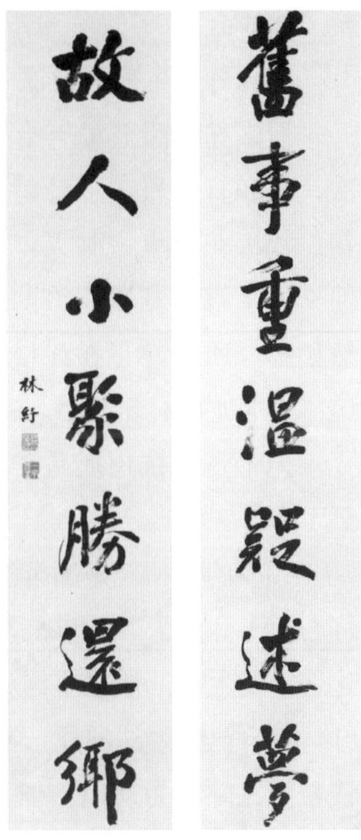

对联

1899年，林纾举家迁往杭州，告别生活了47年的故乡，也离开了莫逆之交丁和轩。丁和轩恋恋不舍地将林纾送到江边的渡口，在他临行时还反复叮嘱他：“琴南，你到了杭州，若有新作，千万不要忘记寄来一阅！”

到了杭州后，林纾心中始终牵挂着好友，两人常常书信往来。后来林纾无论是到杭州超山赏梅，还是至西溪游览，都会收到丁和轩索诗的书信。丁和轩每次收到林纾的书信和诗歌，都要和朋友们一起分享，并高声吟诗，像当年好友在身边一样开怀大笑。

丁和轩家中生活原本就十分拮据，加之壮年时曾吸食鸦片，家境更是每况愈下。后来他虽下决心戒了烟，但生计仍无着落。他有时靠给人写状纸挣点生活费，但有着古道热肠的他又常常劝那些想要打官司的人，不要花冤枉钱告状，结果常常使眼看要到手的报酬落空，过着半饥半饱的生活。林纾深知好友的侠义和困顿，也知道他不喜欢接受别人的馈赠，但在自己知天命那年，禁不住内心深深的牵挂，还是给他寄了20元大洋。

过了不久，丁和轩的回信来了。林纾急忙展信阅读，方知这笔钱到丁和轩家时，好友正在生病，却无钱医治。林纾寄的这笔钱，恰好救了他的命。

想到好友生病需要滋补，林纾急忙又寄了一支人参。

后来林纾照旧每年给好友寄钱寄药，每次不是60元就是100元。一次，丁和轩生日，林纾特意为远在家乡的好友写了一首诗，其中有一句："梅花影里雪弥天，知尔江楼正醉眠"，透露出对老友落拓不羁性格的了解和难以掩饰的思念。收到林纾的钱和赠诗之时，丁和轩果然如林纾所料，正在江楼醉卧。他不由热泪盈眶，感慨万千，深深叹道："关塞枫林千里梦，高山流水古人心！"

无论是在杭州还是在北京，林纾前后帮助丁和轩达13年之久，直到丁和轩去世。

73岁的丁和轩是酣醉沉江而死的。辛亥革命后，清政府灭亡，丁和轩心中十分痛苦。几年来，他几乎都在看不到希望的痛苦中生活。新文化运动发生后，他愈感绝望。1917年春，他不堪重负，曾寄绝命诗给林纾，说自己想效法屈原，赴湖南自沉湘江。林纾知其负债累累，急忙寄钱救济，并极力劝阻。但丁和轩去意已定，在3个月后的一天，自沉闽江而死。那一天，他早早起床，租了一部车，携酒来到地处福州西郊的洪山桥，在江上的小亭子里自斟自酌，直至大醉。酒尽之后，他一把将酒杯摔碎，一步步向江中走去，结束了自己在人世间劳苦的一生。临走前，他还不忘将给好友林纾的信和诗压在枕头底下……

丁和轩在信中充满悲情地向林纾告别，并将自己年幼的孙子交给最信任的朋友，希望林纾能代为抚养。他说，林琴南是自己一生的知遇，来生不忘。信中凄婉深情的语言，令林纾难以自抑。在朦胧泪眼中看着知己好友与自己诀别的信和诗，一幕幕往事涌上心头。昔日携手同游、击掌大笑的日子历历在目，林纾的心情久久无法平静。他带着悲情为好友撰写祭文，深情回顾和他难忘的交往经历。在《祭丁和轩文》的末尾，林纾写道：

> 君托稚孙，悲凉满纸。我垂古稀，仰恃天咫。一诺无变，唯力是视。……冥冥万年，交谊无已。

信中感叹老友悲凉托孙，自己年届古稀，只能仰恃上天。但是，自己许下的诺言不会变化，一定会尽自己的力量。朋友虽离开了人世，但两人结下的深厚友谊将永存人间。

不久后林纾便将丁和轩的孙子接到杭州，抚养成人。

林纾一生，先后为亲朋好友抚养了七八个孤儿，均视同己出，尽心尽力。其义胃侠肠，一现无遗。

# 第六章

# 宦情已扫地而尽：傲骨布衣的选择

科举成名，施展抱负济天下，是士人孜孜以求的梦想，林纾也不例外。然而，科场的失意，官场的黑暗，使林纾不得不重新思考人生的选择。他一生都没有踏入官场，保持着一介布衣的清白。

## 艰辛科举终放弃

在传统中国社会，科举是社会阶层流动的重要途径。“朝为田舍郎，暮登天子堂”。传统文化中经世致用的价值观，使得许多贫寒士子纷纷克服万难，发愤学习。对于自小接受传统文化教育的林纾而言，通过科举跻身仕途，是自然而然的追求。然而，他的科举之路充满了波折和艰辛。

林纾在中举的第二年（1883年）就赴北京考癸未科会试，结果名落孙山。第一次失败，并没有使林纾丧失对科举的热情。他回到福州，一边在私塾教书，一边继续复习。6年后，他第二次进京参加会试，再次落第而归。

1892年，林纾第三次落第之后，归途中经过杭州。

杭州，这座因西湖而盛的城市，绿荫环抱，云树笼纱，众多的人文古迹掩映在湖光山色之中，素有“人间天堂”的美誉。林纾想起年少时便听闻过的西湖美景，于是慕名在杭州停留几日，希望通过游山玩水的方式，排解内心深处的苦闷失望之情。

一天，林纾在湖边饮茶。不经意间，看到湖里有几百条小鱼在水里嬉戏，每当游客丢下食物，它们都争相拥来抢夺。过了一会儿，鱼儿渐渐稀疏，开始游向别处。林纾以为鱼已吃饱。可是过了一会儿，他却见到不远之处，鱼儿又在一起相聚争食。此情此景，令林纾顿悟：普天下的读书人，前赴后继地走在科举这座独木桥上，不就如同这鱼儿争食一样吗？都是由对功名利禄的执着所致。

林纾似乎看透了名利。但实际上，这只是他一时失望后的激愤之情。他并不甘心，屡败屡战，却屡战屡败，从1883年到1898年，林纾

“七上春官，未及一第”。“春官”是礼部的别称。此句意即七次赴礼部考进士，都落榜了。从32岁到47岁，林纾将人生中宝贵的15个春秋用在了科举之路上。人的一生能有多少个15年呢？这15年，对于林纾来说，是他从青年到中年最有价值的年华啊！

屡次赴试却屡次落第，对于才学出众的林纾来说，打击之大可想而知。但每当林纾考场失意的时候，他就会想起小时候祖母对他说过的那句话：“我们家世代务农，你能改变为读书做官，当然很好。……人不务正业而居高位，是耻辱！如果你能像你祖父一样谨慎诚实，畏天而循分，就足够了！”而现实的黑暗，尤其所谓达官显贵的无德言行，则逐渐使林纾对功名利禄失去了兴趣。

林纾曾写过一篇《赵聋子小传》，嘲笑这些位高德薄之人。文章大意是：

林纾莲塘故居内景

“蓝衫”是明清生员（秀才）所穿服装，是一种身份的象征。

> 有一年，湖北人赵聋子来福建才三天，所住之处的门前就围了一大群人，交通都因此堵塞。当地的士绅，排队交钱，屏息哈腰，等着赵聋子看相。聋子说，某人两颊丰润，可以长寿，众人就都摸摸自己的腮帮。聋子说，某人鼻梁高，可以做大官，众人又赶紧按按自己的鼻子。这些人个个神色不安，生怕聋子说他们面相不好。有个人听聋子说他“神木色朽”，快要死了，睫毛上就立刻挂满泪珠，别人也为他发愁生悲，似乎他真的将要死去。但聋子又摸了摸他的头顶、审视他的脸颊，改变口吻说，幸亏这条肤纹好，可以无忧，他立刻破涕为笑。总之，生死贵贱，都凭聋子一句话决断。更为可笑的是，有个当官的，已经家财万贯了，却也相信赵聋子的相术。聋子说他三年之内必定升任总督巡抚，可是三年过后仍未灵验，不但没升督抚，而且脚还出了问题，走路都困难。

对于这样的士绅，林纾深恶痛绝、非常鄙视，耻于与他们为伍。在杭州陈希贤的县署中，他又目睹了官场吏治的腐败，宦情越来越淡。

科场的屡次失意，官场的种种丑闻，使得从小“畏天循分”的林纾，开始重新思考人生的选择。在他所写的《闽中新乐府·破蓝衫》一诗中，林纾尽情讽刺了科举制度所制造的腐儒。再贵重的衣服，只要“破”即无足观。因此，诗歌以“破蓝衫”为题，便颇具讽刺意味。诗歌开头即写道：“破蓝衫，一着不可脱，腐根在内谁能拔？”“破蓝衫”一旦上身，就不肯脱下，可见读书人受害之深。接着，林纾又指出：“捷秋闱，试南省，丝纶阁下文章静。事业今从小楷来，一点一画须剪裁。五言诗句六行摺，转眼旋登御史台。”一个迂腐的读书人，只因试卷上的小楷字写得好，一首五言六韵的试帖诗写得好，居然能中乡试，试南省，一举成名，身居要职，十分可笑。明清之际的顾炎武曾批评八股之害等于焚书，而在败坏人才方面更甚于坑儒。科举制度造就的，不是经邦济世的人才，而是废品般的腐儒。林纾严词批评皓首穷经的书呆子，认为做学问不能为一己之私，而应造福社会，知识分子应有国家责任感和时代使命感。他写道：

吁嗟乎！堂堂中国士如林，犬马宁无报国心。
一篇制艺束双手，敌来相顾齐低首。
我思此际心骨哀，如何能使蒙翳开？
须知人才得科第，岂关科第求人才。
……
救时良策在通变，岂抱文章长守株。

从这首诗中可以看出，林纾对于通过科举来选拔人才的制度，已经抱着完全否定的态度了。后来，清政府开经济特科征召他，他坚拒不往；邮传部尚书荐他入部为郎中，他避而不就；清史馆聘他为名誉纂修，他也以自己只能写野史，而无法写正史为由，婉言谢绝。

## 龌龊官场诫子弃

此时，林纾对于旧式官场的龌龊已极度厌恶，宦情扫地，不但不想做官，甚至讳言“做官”二字。他在《蜀鹃啼传奇》一文中写道：

“卑人连书，表字慰闾，东越人也。生平冷僻，提起做官两字，如同恶病来侵。”连书、慰闾，分别是林纾、畏庐的谐音。这句话，其实反映了他自己的心声。直到晚年，他仍在《七十自寿诗》中感叹道：“宦情早淡岂无因，乱世诚难贡此身！”



林纾不仅自己不做官，也教育孩子要远离官场这块是非之地。但事与愿违。客居杭州时，他的长子林珪不听他的教诲，决意投身仕途，去东北做官。林纾心中虽感不快，但也明白，儿子已经成年了，简单粗暴的训斥和压制不能解决问题。于是，他强压心头的火气，带着林珪来到西湖，想就着怡人的景色，和儿子说说心里话，劝他改变主意。

美丽的西湖水光潋滟，山色空蒙，秀丽动人。父子俩租了一条小船，在湖中边划边谈。林纾耐心地和儿子促膝谈心。他从北宋隐居西湖孤山的林逋谈起，从林逋以梅为妻、以鹤为子、孤高自好，到其不趋荣利、终身不仕，讲到自己所见所闻的一些官员的卑劣行径。他还给儿子谈起了传闻中的翰林旧事：咸丰时，翰林童某攀附军机大臣穆彰阿，做了穆彰阿的门生。后来，穆彰阿的妻子去世，童某写祭文说：“丧我师母，如丧我母”，其阿谀奉承的丑态毕露无遗，为时人所不齿。后来，童某又巴结上了另一个权贵，拜其为师。权贵也遇丧妻，其儿子睡在灵柩前守灵，童某低三下四地请求道：“天气寒冷，哥哥请到屋内休息，我来替您守孝。”林纾试图以此向儿子说明官场的黑暗。在官场里，不要说想往上爬，仅仅是生存下来，也要放弃自己的人格尊严，揣度上意、阿谀奉承，即所谓“跪着爬”是也。

父亲的苦口婆心，让林珪心里非常不好受。但他不愿改变自己的决定，只得安慰父亲：“父亲说的，儿子都明白。但儿去意已

定，只请父亲放心，珪儿绝不辱没家风。”林纾叹口气道：“那你好自为之吧！”但林纾对这个决心走入仕途的儿子仍然放心不下，隔三岔五去信劝勉他。他在《示儿书》中表示：我们家世代都是农民，你的曾祖父和祖父，都浑厚忠信，是乡里的善人，他们的恩泽一直延续到你身上。你现在的官职虽然不大，但实在是治理民众的地方长官。如今新政未行，判案审记仍归县官。我因此恐惧戒，慎重地告诫你。不但要小心管好身边的官吏，而且不要让家眷沾染上坏风气。

林珪先是在东北的一个穷乡僻壤谋了个小官，后来又到一个比较富裕的地方做县官。林纾怕他经不起诱惑，更是时时告诫。可以说，林珪做了几年的官，林纾的心就悬了几年。直到林珪无法忍受官场的黑暗，听从父亲的教诲，弃官回乡，林纾这颗牵挂儿子的心才彻底放下。

蘆汀草雁師八大山人法

# 第七章

# 月下听书老母来：林纾的亲情世界

在儒家正统教育下成长起来的林纾，对自己的亲人，恪守着忠孝节义、礼义廉耻的传统道德，是孝子，是好丈夫，也是一位慈父。

## 乌鸦反哺孝子心

林纾是一位典型的孝子。中举之后，当他家境开始好转之时，他首先想到的，就是寻觅一处较好的房子，让母亲早日搬出横山老屋那潮湿低矮的居所。改善母亲晚年的居住条件。于是，他将家搬到琼河，又从琼河迁到景色怡人的苍霞洲。他从小寄食在外祖母家中，对外祖母有很深的感情。外祖母去世后，他每年清明都给她扫墓，移家杭州后，还托人照看她的墓地。

对长辈讲求孝道，这是贯穿林纾一生的为人准则。这既得益于他从小所受的伦常教育，也跟其家中长辈的言传身教有关。

林纾从小缺乏父爱，他自小几乎都在母亲身边长大。勤劳善良的母亲勇敢地挑起了生活的重担，既当爹又当妈，用手中的针线勉力维持一家人的生计。她含辛茹苦地操持自己的小家，像对待亲生儿子一样抚养着丧母的侄儿林秉华和其他来到家中的孤儿。对待乡亲邻里，她也是真诚以待，尽力而为。

林纾曾经说过，抚育他们兄妹长大成人，母亲有大部分的功劳。因此，他从小就特别孝顺母亲。他在随朱韦文先生学习的时候，朱先生家隔壁住着一户官宦人家。上课时，林纾总能闻到隔壁传来的阵阵菜香。中午放学后，他便悄悄溜入那家人的厨房，勤快地帮厨师打下手，借机偷师学艺。味道鲜美的鱼丸、滑嫩可口的燕丸、肉肥味美的红烧鳗鱼，都是福州当地著名的风味小吃，也是母亲爱吃的。有心的小林纾，默默将这3道菜的做法记在心上，并在心底悄悄许下愿望：将来自己有出息、能赚钱了，一定要做这些好菜孝敬母亲。可是，林纾的家境在很长一段时间内都没有起色，不能常买母亲最爱吃的鱼孝敬她老人家。林纾为此深感自责，于是常常亲自下厨，尽力为母亲做些可口的饭菜，以弥补心中的这份愧疚。在《苍霞精舍后轩记》一文中，他回忆起自己和妻子刘氏一起为生病的母亲烹调饭菜的情景：他掌勺，妻子负责烧火。林纾要求妻子将火烧旺，不料妻子却将柴火塞满灶膛，呼呼的大火很快就将菜烧煳了，带着苦味。只好重做，这次他吩咐妻子将火烧小一些，结果妻子将木柴一抽，火候不够，菜又烧得不够脆。因火候掌握不好，两人在厨房里边吵闹边忍不住发笑。母亲半天不见烧好的饭菜，只听见两人的吵闹和笑声，不禁问道："你们夫妻两人笑闹什么呢？我能吃多少啊，何必如此费事？琴南，你炒菜也和写文章一样讲究学习古法吗？"

母亲的话，让全家人开心地笑了好几天。

林纾感到自己的烹饪水平有限，心里为不能给母亲烧个好菜而感到不安。于是，他找到当时福州的知名饭店"二桥亭"，跟名厨学了一手烹调技术。后来家境好转时，林纾常常给母亲做她喜欢的菜肴，手艺也达到了名厨的水准。

成名后的林纾，家中如有宴客，他都会下厨露一手。他做的菜，色、香、味俱全，客人们尤其对鱼丸、燕丸、红烧鳗鱼这3道菜赞不绝口。他们有所不知，这3道菜是林纾为了孝敬母亲苦练出来的本领。每当做起这几道菜，他都会想起母亲。

母亲去世后，有一次，林纾正在炒菜，眼前不由浮现出母亲慈祥的面容。他忍不住悲从心来，痛哭失声——树欲静而风不止，子欲养而亲不待，亲爱的母亲再也吃不到自己做的菜了！自己也再没有机会孝敬母亲……

## 相濡以沫好夫君

回首林纾一生的感情之路，最令人动容的，是他对发妻刘琼姿的矢志不渝。刘琼姿与林纾同岁，他们是根据父母之命、媒妁之言结合的中国传统社会的典型夫妻。自18岁完婚以来，他俩相濡以沫，共同扶持，一起度过了28年的时光。贫贱夫妻百事哀。刚结婚时，家境贫寒，生计艰难，全靠妻子忙里忙外，节衣缩食地侍奉公婆、相夫教子，努力维持着家庭。在林纾母亲重病的49天里，她和刚出嫁不久的大女儿林雪日夜伺候，以致婆婆丧葬未毕，她已力不能支，病倒在床。

林纾从19岁到28岁，一直为肺病困扰。当时，抗生素还未出现，肺病被视为绝症。林纾发病时，常常咯血不止，多亏妻子精心照顾，才使他一次次挺了过来。一次，林纾肺病发作，妻子细心服侍，一连几个晚上没合眼。林纾非常心疼，想让妻子好好休息，半夜强忍着病痛不敢呻吟。实在憋不住时，只是轻轻哼了一声，妻子立刻过来关切地询问，并端茶进药。林纾日后曾深情回忆起那些凄凉的夜晚："残月向尽，雁声自远而近"，他强打精神和妻子开着玩笑："是鬼啸吗？也许我离开你没有多少日子了。"面对丈夫的玩笑，妻子"凄然莫应"。过了几天，林纾的病情已有所好转，能下地走路了，妻子仍然每天四更即起，精心煮好稀粥，将热乎乎的饭菜送到他的床前。

刘琼姿生性秉直，不像一般旧式妇女，对丈夫唯唯诺诺。她论事有主见，常与丈夫看法不一致。偏偏林纾也是刚烈之人，夫妻拌嘴时，林纾总不知谦让，一定要争个输赢。妻子虽心中不快，但事情过后又欢笑如初。妻子去世后，每当回想此情此景，林纾心中常常后悔莫及。他在《亡氏刘孺人哀辞》中写道：

> 呜呼！早知及此，恨其不让吾孺人也！余年且五十，遗落世事，将杜门读书，资孺人以待老，乃孺人竟不终事余，天也！

他写出了当初两人拌嘴时自己争强好胜，未对妻子让步的痛悔，字里行间流露出对妻子"不终事余"，不能和自己白头到老的痛心，对亡妻的深情溢于言表。

在林纾46岁时，刘琼姿因病去世。妻子去世前两天，林纾请友人郑仲良为她照了一张相片。后来，他一直将照片带在身边，成为一生珍藏的纪念。妻子的音容笑貌，在林纾的心中始终不曾磨灭。他在这年翻译《巴黎茶花女遗事》和62岁创作《京华碧血录》时，都融入了对妻子强烈而真挚的感情，故而作品凄婉动人，深深打动着读者的心。

丧妻之后，林纾的心情十分低落。当时苍霞洲歌妓之中，有一位美女名叫谢蝶仙，能诗善文，为林纾的才情所倾倒，又得知他断弦待续，便动了心思，想委身于林纾，开始写信传情。据坊间传说，她还送给林纾一个食盒，里面装着4个柿子饼，在每个饼上都咬了一口，以表示心意。林纾看后说："姑娘的盛情着实使我感动。但红粉固然情多，却奈何青衫命薄，美人所赠之物，我恐怕是无福消受的。"随后，他将柿饼重新包好，差人退了回去。看到林纾不为所动，痴情的谢蝶仙并不死心，过了些日子，枫红菊黄之时，她又托人给林纾送来了新鲜的鲥鱼。在座的友人怂恿林纾将鱼煎了下酒。微醺之际，最易动情。要说林纾一点没有动心，也不尽然。这位美人能诗能文，温柔多情，确实令人心动。但小时候从祖母那里得来的"循分"教训提醒着他，自己负有对家庭子女的责任，不能和风月女子沾边。经过一夜激烈的思想斗争，理智与情感反复交战，在晨鸡报晓之时，林纾终于做出了决定。他说："我已老迈，早已看破儿女私情，哪还能有依红偎翠的念头！"林纾晚年回忆这段往事，无限感慨，在《七十自寿诗》其三中写道：

不留夙孽累儿孙，不向情田种爱根。

绮语早除名士习，画楼宁负美人恩。

谢蝶仙被林纾三番五次地拒绝后，心灰意冷，只得嫁给一位商人，不久就亡故了。林纾闻讯，为之写下一首缠绵悱恻的七绝：

水榭当时别谢娘，梦中恍惚想啼妆。

魂来若过西江道，好认临川玉茗堂。

诗中，林纾借明代临川籍戏曲家汤显祖《牡丹亭》里书生柳梦梅与小姐杜丽娘出生入死的爱情，说明男女之情并不以生死为界限。他并不是无情之人，而是多情而不好色。虽然也为自己辜负了"美人恩"而感到遗憾，却始终将责任放在感情生活的第一位。林纾对误入风尘的烟花女子充满同情，但最终没有勇气冲破"循分"的观念，不敢以身试情。在为自己而写的《冷红生传》中，林纾表达了妻子死后自己的

林纾53岁时与夫人杨道郁及子女合影

无限凄凉，以及拒绝谢蝶仙时内心的不忍。

后来，经人撮合，林纾续娶了24岁的扬州贫民女子杨道郁，与她共度余生。在贫困中长大的杨道郁，并不在意林纾47岁的年纪，也不在乎他已有儿女，她看中的是林纾的品行和才学。事实证明，杨道郁的确是个贤惠的女子，她和林纾的发妻刘琼姿一样，礼待夫君，品行端正。婚后，她事事为林纾着想，生活简朴，辛勤持家。林纾成为名家之后，书画润笔费和稿酬颇为丰厚，家境日益宽裕，她却从不乱花。她对继子视如己出，没有任何分别之心。所有他寄回的钱，她都精心保管，一文未动……林纾非常庆幸自己后半生娶了这样一个本分守礼的女性，他的心里对杨道郁怀有深深的感激之情。但执拗的林纾有着很深的“循分”情结，为了纪念发妻刘琼姿，他始终不肯将杨道郁视为正室，行文中都将她称为“妾”。在杨道郁50岁生日时，林纾为她写了一篇寿文，仍然不肯称她为妻。在林纾心中，续弦的女子再好，也不能占据妻子的称号。“妻子”的名分，这一生他只给了已去世的结发之妻刘琼姿。这一举动，在今天看来，似乎有些不通情理，但似乎又可以理解——无论是婉拒谢蝶仙，还是称继室为“妾”，都可以看出，他执拗于传统的婚姻之礼，是一个多情而又专一的循分名士。

## 教子有方慈父心

林纾还是一位慈爱的父亲。他一生经历过两段婚姻，生有七子五女。其中，与刘琼姿养育了二子一女。除了长子林珪外，次子林钧和女儿林雪都因病过早地离开了人世。林钧是一个先天不足的孩子，体弱多病，林纾对他关爱有加，时常把他带在身边，耳提面命。林钧还是个好学的孩子，虽然身体不好，却很喜欢读书，常抱着《汉书》等古籍念个不停。

在林纾的教导下，林钧成长为一个正直的孩子。1895年，林纾应兴化府（辖莆田、仙游两县）知府的聘请，去当地改卷。启程的前一天，他外出赴宴，儿子林钧在家。有个考生"身怀百金"来他家敲门。林钧开了门，此人自报姓名后说明来意——他想请林纾在阅卷时加以关照，将其名次往前提。说完，便放下了一大笔钱。林钧严词拒绝，说道："从我记事以来，从没见过家父收人钱财。如果你的文章好，知府大人自会赏识。读书人为何要做这样的事！请把钱收起来吧！"那考生听了，羞愧无比，急忙收起钱离开。与林纾父子同住一处的郭怀臣盛赞说："有其父必有其子！"林纾也为此感到自豪。

林钧还是个孝顺的孩子，母亲去世时，林纾撰写了哀辞，让林钧誊抄。5天过去了，还是没抄完。林纾问他原因，他捂着胸口对父亲说："爹，我心痛得不行，无法忍受了，实在抄不下去啊！"就是这样一个好孩子，却在成年不久之后的20岁时，不幸因病去世。林纾伤心欲绝，在福州莲塘老家为他修了坟，写下了《钧圹铭》，详细记叙了林钧拒贿等事。应该说，林钧的美德和善行，从侧面反映出林纾对自身要求严格，并且注重言传身教，影响及于子女。他的家庭教育是成功的。

林纾续弦杨道郁之后，相继生育五子四女。这其中，四子林璐是最让他操心的。林璐自小聪明伶俐，"年十三，文笔已清腴"，但贪玩爱交际，常常夜不归宿，让林纾整天为他担心。在中国传统社会，父亲的家庭角色是严厉的。为了避免"话不投机半句多"，林纾决定采用写信的方式跟林璐交流。他觉得与谈话相比，信可以写得委婉些，儿子可以细细体会。在给林璐的书信中，林纾充分展现了他作为一位父亲慈爱温柔的一面。信的大意是："在五伦之中，我和你的年轻朋友比起来，跟你相处的日子越来越少，而你与朋友相处来日方长。再说父子之间是因为上天安排而相处，而朋友间是因为意气相投而相处。你不重视越来越老迈的父亲，而偏重来日方长的年轻朋友，为何这样轻重颠倒呢？”

他多么希望儿子能在家里多待一会儿，在老父与朋友感情的天平上，多偏向父母一些啊，读来顿觉可怜天下父母心！



辛亥革命后，林纾避居天津，林璐被就近送入天津德华学堂就读，但他不求上进，夜不归宿，违反校规，几乎被学堂开除。后转赴青岛，就读于中德合办的青岛特别高等专门学堂初级部，学制5年。林纾和妻子冒雪送儿子去学校后，便开始通过书信苦口婆心地教育引导林璐。

林纾首先要求他牢记教训，不重蹈覆辙：“天津之事，思之令人寒心”“断无更蹈前失之理”。接着，要求他努力上进：“应自思是有责任之人，尤须努力为善且专心向学，以慰父母之心”。林纾当时已年过六旬，在政法大学作教习，上课路远，很是辛苦。但在他看来，为了挣取子女的教育费用，再辛苦也值得。他对林璐说：“明知其苦，然为汝兄弟将来学费，亦不能不苦。苦在老人，望在子弟，汝当念尔父百般劳瘁为何来，切须学好用功做人”。

林纾对儿子的学业时刻牵挂，晓之以理，动之以情：“唯心浮意粗，学问不肯究心，亦不肯温熟”“自恃聪明，以为过目不忘，天下哪有此等奇才？不肯多读，自以为善忘，此大不是”“若不勤勉学问，将来何以自立？望汝能自立为好学生，每日切不可逐荒嬉之同伴闲散过日，须知一闲散，后此不可收拾”“切勿懒惰荒唐，负此韶光”。

林纾也对林璐充满期许：“每日功课，刻刻留意”“凡物不可贪，惟学问一道，不厌贪字；凡事不必争，惟学问一道，必要争字”“今但埋头读书，能够毕业，一生自有吃着之地，然后徐徐从阅历上用功，便成妥人矣”。

林纾对儿子的谆谆告诫还包括：要勤奋，要有恒心——“第一谨疾、第二有恒、第三立定脚跟，不与浮薄人征逐，须知‘有恒’二字，能增上学问无数”。要注意人格修养——“当用功时，勿思他事；当闲谈时，勿论人非”“诸凡须小心，勿多言，先求沉静，一沉静，学问易增长”“是非场中，人用口，我用耳；热闹场中，人向前，我向后”“德性尤宜端整，有了品行，而学问方有根据”。要注意人际关系——“同学之中切须和气”“不肯与人玩笑过甚，自不至生嫌”。要节俭度日——“钞票则藏诸贴肉处，亦不至遗失”“堂课之外，事事节省”“须十二分省俭，不可浪费”“汝花钱太多，终属不晓世故，吾筋力就衰，得钱不易，汝当为我体谅也”。要讲求自立——“以我平日声名及许多交谊，汝将来或能自活，然非有学问，亦靠不住”。

当然，对于一生将“畏天循分”奉为圭臬的林纾而言，千教万教，还是希望孩子学做正直的人。他写道：“但愿汝能用功，则老父虽劬劳，无怨也。汝当知老父所望，并不是望汝作高官、得厚禄，但愿汝做学生时循学生规矩，求学生学问，到长大时做一辈子好人，不要把汝父名誉坏了，此便是孝子。”不同于中国传统社会的父母，已经“开眼看世界”的林纾并没有狭隘地理解“孝”。他给大儿子林珪的信中曾说：“汝能心心爱国，心心爱民，即属行孝于我。”在给林璐的信中他也是这么说的。爱国、爱民也是孝，体现出林纾家庭教育理念的大视野。

每次林璐来信，林纾总是反复读信之后再回复，解答儿子信中提出的问题，并教导儿子什么该做，什么不该做。信中不仅谈学问，也谈为人处世。林纾素以狷狂闻名，但作为一个父亲，他内心深处还是具有很深的传统情结，希望孩子能够适应社会、通达人情世故。正如魏晋时期的名士阮籍，表面上放浪形骸，无视流俗，内心深处却存着极严的儒家道德规范，不愿意儿子学习自己的人生态度。一次，林璐来信说放在宿舍的30元钱被人偷走了。民国初年的30元，可是一笔不小的数目。但林纾接信后，立刻如数汇去，并且嘱咐儿子不要将丢钱的事传扬出去，以免和同学产生芥蒂。从林纾的教子家书中，我们可以看出一位慈父的循循善诱与苦口婆心。最终，林璐没有辜负父亲的一片苦心和厚望，不仅自己成家立业，子孙也学有所成。

# 第八章

# 今日国仇深似海：林纾的爱国情怀

林纾的一生，充满着爱国热情。国家盛衰、民族存亡，是他一心所系。社会黑暗、官场腐败，使他愤世嫉俗，木强多怒。他终其一生，都在关心着天下大事。

## 拦马告状系国情

作为一名有血性的爱国者，林纾在他的作品中，对腐败无能的清政府和祸国殃民的贪官污吏，常常进行无情的讽刺和鞭挞。此外，激发同胞振作、奋力抗争、抵御外侮，也是他的诗文和译著序跋中常见的主题。从中，人们可以感受到林纾真挚强烈的爱国情怀。

1884年，中国近代史上著名的马江海战在林纾的家乡福州爆发。7月14日，法国海军一支舰队在司令孤拔的率领下，以“游历”为名侵入福州海域，停泊在罗星塔下的马尾军港。虽然在此之前，中法两国曾在越南交战，但清政府和总督何璟等地方大员对于法国军舰深入自己的腹地却毫无戒备之心。朝廷下令“彼若不动，我亦不发”，会办福建海防大臣张佩纶专待议和，不作戒备。福建船政大臣何如璋不仅不积极备战，而且还将法军的战书藏起来。他们下令：“不可衅由我开，妨碍和议”，而且“无旨不得先行开炮，必待敌船开火，始准还击，违者虽胜犹斩！”8月23日，法军发起攻击，张佩纶等官员与将领指挥不力。危机时刻，福建水师官兵们虽身处逆境，仍沉着应战，英勇还击。然而，由于仓皇迎战，实力悬殊，江面战斗仅进行了不到一小时，就以清军的惨败而告终。

马江海战，福建水师军舰11艘、运输船19艘，全被法军击沉，死伤700多人，鲜血染红了闽江入海口。接着，法国军舰沿江入侵，炮轰闽江两岸，最后还炸毁了洋务运动的重要成果——马尾造船厂。

清政府的妥协政策和前线官员的昏聩畏敌，造成了马江海战的惨败。消息传来，福州城一片哗然，全城悲恸。张佩纶等主持军务的官僚，为了掩饰败绩、推卸责任，又谎报军情，这更激起民众的强烈愤慨。这年10月，朝廷派左宗棠以钦差大臣身份，入闽督办军务。得知这一消息后，义愤填膺的林纾和好友周莘仲商议，决定拦马告状，向左宗棠状告张佩纶等人！朋友们得知后，都劝二人三思而后行——张佩纶等人权大势大，岂能轻易告倒？到时很可能给自己惹来祸端。但是，林纾和周莘仲却无所畏惧。他们彼此立下誓言，如果告状不成被治罪，就是死在监牢里也心甘情愿。

马江海战纪念馆的摩崖石刻

过了几天，在一个风和日丽的日子里，左宗棠骑马出巡。街上行人都闪避到两旁，林纾和周莘仲这两个书生却找准时机冲到马前，递上状纸，冒死呼吁。后来，张佩纶和何如璋等人被清廷下令褫职戍边。但这迟到的惩罚，已无法挽回众多死难福建水兵的生命。多年以后，林纾在笔记中提及马江海战，仍然惋惜愤慨，笔记的大意是："在这场海战中，我方舰船全被孤拔击沉了。他孤军深入，闽江周围都是山，敌人又没有铁甲舰，本来可以全歼他们，结果我军各部只顾自守坐视，不顾互相救援，使敌人从容离开险境，实在是可惜。"

## 写诗作文警世人

1893年正月，周莘仲在台湾逝世。一年之后，甲午战争爆发。这是一场日本以朝鲜问题为导火索发动的侵华战争。9月16日，为护送增援平壤的运兵船，北洋海军提督丁汝昌率领的舰队与日本海军遭遇，在大东沟展开激战，海战持续约5小时，日舰撤离。大东沟海战之后，日本海军取得了制海权。此后，李鸿章等洋务派避战自保，翁同龢等清流派空喊开战却没有任何实际对策，清政府进退失据，终致甲午战争惨败。清政府在洋务运动中建立的最强大的一支海军——北洋水师全军覆没。

为了掩饰自己的无能，清政府把战败的责任归咎于参战将领不执行命令，舆论也有官兵“临敌而逃”的说法。林纾对这种不公正的说法十分愤慨。多年以后，他在翻译日本作家德富芦花的小说《不如归》时，看到此书第18章《鸭绿之战》写到的甲午海战的情况，又勾起了心底的冤抑之情，不由在序言中抒发自己愤懑的情感，并筹划写《甲午海军覆盆录》为甲午参战官兵正名。

林纾在文中分析了陆上炮台首先失守造成的危害——“孤军无据”，因此海军的失败在所难免。他又结合小说中的有关描写，说明中国海军将士们并非“不用命”，因为“日本名士”叙述了我军舰艇勇往直前、“当敌如铁山”的情形，尤以“镇远”“定远”二舰表现突出，让日军旗舰“松岛”号中炮后“死者如积”。林纾在此对甲午海战中北洋水师官兵的表现做了真实的追述，可谓还他们以公道。

虽然林纾没有最终写成《甲午海军覆盆录》，但他对维护民族尊严、为国捐躯的海军将士始终怀着崇敬之情。苏州人徐景颜，“早岁习欧西文字，肄业水师学堂”。25岁时，在水师提督丁汝昌部下当参将，在大东沟战役中英勇牺牲。林纾写作《徐景颜传》，热情讴歌了他的悲壮事迹和他母亲的民族气节，文章写了徐景颜面对妻子哭泣，不忍告别母亲。知书明义的母亲以为其怯弱，鼓励他出行，后来他持箫到母亲卧室，靠在母亲枕边吹箫告别的感人场景。接下来又写箫声由如泣如诉到惨厉悲壮，哀动四邻，表现了英雄上战场前忠孝难以两全、最终决心舍家为国的复杂心理，以及“掷箫索剑，上马出城”的悲壮举动，充满作者的感动与敬佩。林纾还在这篇传记的第二部分叙述了水师中闽籍将领林履中和杨用霖的英雄事迹：林履中在大东沟和日军鏖战，所领军舰中炮沉没，他落入海中，别人抛长绳救他，他不愿偷生，拒绝被救，与舰共亡。杨用霖在日军攻陷威海卫后，用手枪

中国甲午战争博物馆

自杀，子弹打得脑浆迸流，仍端坐不倒。林纾为甲午海战英雄作传，表彰徐景颜、林履中、杨用霖的事迹，其目的就是要驳斥“全军无完人”的谬论，使“忠义之士”自奋。

甲午战败之后，清政府与日本签订了丧权辱国的《马关条约》。条约不仅承认朝鲜独立，还割让台湾、澎湖各岛，向日本赔偿军费二亿两白银，同意日方驻军威海卫。增设通商口岸，允许日本人在华开设工厂等。这其中，割让台湾尤其让林纾痛心。台湾是祖国的宝岛，与福建隔海相望。1885年建省之前，台湾是福建的一个府，建省之后，它的全称仍叫“福建台湾省”，可谓地缘相近、血缘相亲、文缘相承、商缘相连、法缘相循。林纾早年曾和父亲、叔父一起在台湾谋生，其叔父国宾、胞弟秉耀都是在台湾去世的。林纾多次赴台，熟悉台湾的地理和民情风俗，台湾是他观察社会和了解世道人心的开始，他对台湾怀有特别的感情。那如诗如画的碧海蓝天、随处可见的椰树、蚬子街的旧宅、大海边的渔村、天妃庙的戏台锣鼓、玄幻离奇的民间传说，都深植于他的记忆之中。听闻清政府割让台湾的消息后，他心如刀割，异常苦闷。1895年5月，林纾编校完成《周莘仲广文遗诗》，并为之作序。当年五月初六，日军在台湾登陆。他在序文中以“宿寇门庭，台湾今非我有矣！诗中所指玉山、金穴，一一悉以资敌，先生若在，徒能为伯翊之愤耳，究不如其无见也”“感时之泪，坠落如溅”极言其“痛失台湾”的感慨，是篇珍贵的甲午证言。

中日甲午战争以清政府的惨败和割地赔款收场。以“天朝”自居的清王朝，败于曾经的学生日本，这对于中国知识分子的触动是巨大的。甲午之后，林纾痛感中国“国势颓弱，兵权利权悉落敌手，将来大有波兰印度之惧”，主张以诗歌抒发爱国之情、宣传维新之理以警世人。《闽中新乐府·国仇》一诗就是他践行这一主张的优秀作品。他写道：

国仇国仇在何方？英俄德法偕东洋。
东洋发难仁川口，舟师全覆东洋手。
高升船破英不仇，英人已与日人厚。
沙侯袖手看亚洲，旅顺烽火连金州。
俄人柄亚得关楗，执言仗义排日本。
法德联兵同比俄，英人始悔着棋晚。
东洋仅仅得台湾，俄已回旋山海关。
铁路纵横西伯利，攫取朝鲜指顾间。
法人粤西增图版，德人旁觑张馋眼。
二国有分我独无，胶州吹角声呜呜。
闹教哄兵逐官吏，安民黄榜张通衢。
华山亦有教民案，杀盗相偿狱遂断。
蹊田夺牛古所讥，德已有心分震旦。
虎视眈眈剧可哀，吾华梦梦真奇哉。
欧洲克日兵皆动，我华犹把文章重。
廷旨教将时事陈，发策试官无一人。

波兰印度皆前事，为奴为虏须臾至。
俄人远志岂金辽，德国无端衅屡挑。
英人持重迟措手，措手神州皆动摇。
剖心哭告诸元老，老谋无若练兵好。
须求洋将练陆兵，三十万人堪背城。
我念国仇泣成血，敢有妄言天地灭。
诸君目笑听我言，言如不验刳吾舌。

诗中，林纾谴责了甲午战争以来各国列强对中国明目张胆的侵略和瓜分领土的罪行，读来就像文字版的“时局图”，振聋发聩。林纾痛感清朝统治者的麻木，在寄希望于统治者觉醒的同时，也希望唤起国人的民族志气。全诗洋溢着爱国主义情怀，打动了一代又一代读者的心灵，令人产生强烈的情感共鸣。

## 第九章

# 强国者何恃：林纾与教育的故事

林纾是一位文学家、翻译家，也是一位出色的教育家。从21岁直至73岁去世，他的一生几乎没有离开过讲坛。

1872年，21岁的林纾开始在村塾教书，25岁设馆课蒙，46岁时任“苍霞精舍”汉文总教习。1899年，林纾掌教杭州东城讲舍，并决定从此放弃科举，一心教书。1901年，50岁的林纾举家由杭州迁居北京。在京期间，他先后任金台书院、五城学堂、京师大学堂、高等实业学堂、闽学堂等学校讲席或总教习，讲授“国文修身”“大学经文”等课程。1915年，任徐树铮创办的正志学校教务长。1923年，72岁高龄的林纾还应邀任励志学校讲席。林纾一生中除几次短期中断外，几乎没有离开过讲堂。他在京城20年，弟子就有3000多人，加上闽学堂和在箴宜女校兼课所授之徒，可谓桃李满天下。

严复曾作诗称赞林纾“孤山处士声琅琅，皂袍演说常登堂”，一个辛勤劳苦的教书先生的形象跃然而出。从小身处福州这样一个五口通商、开风气之先的东南沿海城市，林纾虽然饱读传统典籍，满怀爱国热情，但从不盲目排外。特别是在开始翻译西方文学作品后，他接触到许多西方新思想新文化，尤其能够体会国内旧式教育制度存在的诸多弊病，深切感受到进行教育改革的迫切性。他不仅和友人一起创立了新式学堂“苍霞精舍”，而且在儿童教育与女性教育上都提出了领先于时代的主张，发出了历史的先声。

## 创立“苍霞精舍”新学堂

美丽的苍霞洲位于福州闽江下游。自1882年开始，林纾就和母亲、妻子生活在这里，度过了15年的美好时光，直至妻子逝世前10天才搬离。

1897年春，林纾迁居下杭街天王巷，与当时回闽奔丧的邮传部尚书陈壁、农工商部员外郎力钧、奉天河北道孙葆缙等友人合作，利用他在苍霞洲的旧居创办了苍霞精舍，是福州最早的新式学堂之一。林纾在其著名的散文《苍霞精舍后轩记》中，曾经生动细致地描写了这所学堂的环境：

> 建溪之水，直趋南港，始分二支，其一下洪山，而中洲适当水冲，洲上下联二桥，水穿桥抱洲而过，始汇于马江。苍霞洲在江南桥右偏，江水之所经也。
>
> 洲上居民百家，咸面江而门。余家洲之北，湫溢苦水，乃谋适爽垲，即今所谓苍霞精舍者。屋五楹，前轩种竹数十竿，微飔略振，秋气满于窗户。

这是一所与传统私塾完全不同的、带有新式学堂特点的学校。任佩珊担任学校监督，林纾被聘为汉文总教习，亲自给学生讲授《毛诗》《史记》等。学生每天早上学习英文和数学，中午学经，下午学史，晚上则点起蜡烛复习数学。教学内容除汉文外，还包含了数学、英文、历史、地理、时务等新式课程。这样的课程设置，与林纾教育救国的思想密切相关。他认为，教育必须要“治新学”，即指包括外语、工商和具先进思想的西学。他曾说，欧洲人志在维新，坚持学习新思想与新知识，而我们国人却一味嗜古如命，这样下去一生都接触不到新知识。当时有些中国人认为“西洋无学问”，视西学为“不孝之学”，视欧洲各国为“不父之国”，因此“痛心于西学”，林纾针对这些成见鲜明地指出，不能以“孝”与“不孝”作为区分“中学”与“西学”的依据，学西学的目的是洋为中用。

苍霞精舍的建立产生了一定的影响，对当时福建乃至全国的学制改革发挥了引领和推动的作用。在戊戌变法建立京师大学堂之前，位于祖国东南一隅的福州，能出现这种由民间士绅合力兴办的新式学堂，体现了林纾等人的超前眼光。

1898年后，苍霞精舍增设学科。因校舍狭窄不够用，于是迁址到道山路乌石山蒙泉山馆，改名为绅立中西学堂。1907年学校又迁往华林坊越山书院旧址，增建房舍作为师生宿舍，改称为苍霞中学堂。此后历经多次变迁，分分合合，演变成今日的福建工程学院。今天，在

苍霞湖畔的福建工程学院

福建工程学院的校园里，仍处处可以感受到林纾的存在：学校的校徽“福建工程学院”、校训“真诚勤勇”均来自林纾手书的集字；校园南区矗立着林纾的塑像；北区图书馆大厅印刻有林纾名篇《苍霞精舍后轩记》，等等。目前，福建工程学院还留有美国Cynthia Mathews女士2011年7月捐赠的文物——当年苍霞精舍举办活动的横幅。这是两幅长3.6米的红色丝质横幅，汉文总教习林纾的名字醒目地题在上面。这一横幅由她外曾祖父收藏，现珍藏于福建工程学院校史馆中。

## 幼童教育秉创新

林纾的一生几乎都没有离开过讲坛。他21岁设馆课蒙，直到47岁都在家乡教书。之后他北上杭州、北京，先后在各个学校教书。他的教学生涯中，有很长的一段时间是在私塾中为儿童课蒙，因此对于儿童教育有着自己独特的心得。他在《闽中新乐府自序》中感慨地说：“嗟夫！畏庐子二十六年村学究耳。”在《告王薇庵文》中，林纾回忆了自己25岁时借王家课蒙的情景：好友王薇庵把房子让出来给林纾当塾舍，林纾在这里教了好几个孩子。当时，教学条件十分简陋，不仅座位无法固定，而且房屋还漏雨。福州春夏多雨，屋外下大雨时，屋里就下小雨，师生备尝艰苦。回顾自己一生的教学经历，林纾感慨地指出，私塾教师一开始就教导学生学习六经，这种让学生在懵懂中默诵经文，要求强记的方式，会使儿童的悟性转为阻塞。面对列强入侵，国家积贫积弱的时局，林纾认为必须摒弃这种填鸭式的教学方式，改进儿童教育的形式与内容。他痛感国家落后的根子在于国民的愚昧无知。他对私塾学生墨守成规与安于现状的情况十分痛心，在《闽中新乐府·村先生》一诗中他写道：

村先生，貌足恭，训蒙大学兼中庸。
古人小学进大学，先生躐等追先觉。
古人登高必自卑，先生躐等追先知。
童子读书尚佶舌，便将大义九经说。
谁为鱼跃孰鸢飞，且请先生与析微。
不求入门骤入室，先生学圣工程疾。
村童读书三四年，乳臭满口谈圣贤。
偶然请之书牛券，却寻不出上下论。
书读三年券不成，母咒先生父成怨。
我意启蒙首歌括，眼前道理说明豁。
论月须辨无嫦娥，论鬼须辨无阎罗。
勿令腐气入头脑，知识先开方有造。
解得人情物理精，从容易入圣贤道。
今日国仇似海深，复仇须鼓儿童心。
法念德仇亦歌括，儿童读之涕沾襟。
村先生，休足恭，莫言芹藻与辟雍。
强国之基在蒙养，儿童智慧须开爽，方能凌驾欧人上。

在诗中，林纾讥讽了儿童教育的失误之处，特别是“学而优则仕”的思想。他以极大的勇气，反省了自己20多年来任塾师的经历，认为传统的蒙学教育只教四书五经等内容，仅仅是为了给孩子将来参加科举铺路。教师与学生空谈修身治国平天下，实际上对国家大事有很深的隔膜。所以，开启儿童的心智十分重要。

从自己的教学经验出发，林纾主张从教学内容与教学手法两方面入手改革儿童教育。在教学内容上，他主张先从浅显易懂的基本人情事理入手；而在教学形式上，则可以借鉴西方，采用生动活泼的形式，用儿歌童谣等方式向孩子们传授知识，培养他们的爱国之心。这首诗中透露出“致极风气、莫如蒙养”的教育思想，今天依然闪烁着智慧的光芒。

## 卓识远见兴女学

林纾还十分重视实业教育。1899年，他和友人王寿昌等人将在上海印行《巴黎茶花女遗事》的稿酬及原刻版费捐赠给福州蚕桑公学作为创办之用，希望能早日创立实业教育，促进实业的发展。

在女性教育方面，林纾也有远见卓识。从举案齐眉到男尊女卑，中国女性的地位历来居于从属的位置，女性的教育问题在当时尚未引起社会的重视。我国最早提出“兴女学”主张的当属近代教育家王韬，他针对中国传统教育体制忽视女性的弊端，指出中国也应学习西方，将女性纳入学校教育的系统之中。随后的郑观应则以西方女性教育作为中国兴女学的佐证和楷模，建议政府重视女性教育。1897年，梁启超等人在《时务报》发表《倡设女学堂启》《上海新设中国女学堂章程》，提出设立女子学堂。林纾对此深有感触，用白话新乐府的形式，写了《兴女学》一诗，对此大加赞赏。他写道：

兴女学，兴女学，群贤海上真先觉。
华人轻女患识字，家常但责油盐事。
夹幕重帘院落深，长年禁锢昏神智。
……
学成即勿与外事，相夫教子得已多。

西官以才领右职，典签多出夫人力。

不似吾华爱牝鸡，内人牵掣成贪墨。

……

母明大义念国仇，朝暮语儿怀心头。

儿成便蓄报国志，四万万人同作气。

女学之兴系匪轻，兴亚之事当其成。

兴女学，兴女学，群贤海上真先觉。

林纾自小就受到知书明礼的祖母、外祖母和母亲良好的教育，她们的言传身教都潜移默化地影响着林纾。他从自己的经历和感触出发，认为一个家庭中，父亲常常为了家业在外奔波，与孩子朝夕相处的主要是母亲。所以，孩子最早的启蒙教育来自母亲，母亲对孩子的影响极为重要。因此，女性的教育在他心目中有着很重要的地位。“母明大义念国仇，朝暮语儿怀心头”，林纾认为，一个母亲只有知书达理，爱国爱家，才能培养栋梁之材。所以兴办女学事关重大，当极力促成，“倡女权、兴女学，大纲也。”

虽然林纾的“倡女权”有其思想的局限，但他反对“女子无才便是德”，提倡“兴女学”，强调女子受到良好的教育后，外可参与世事，内可相夫教子，在当时饱受旧式传统教育的人士中，确实也是一种了不起的认识。他收的学生中，就有不少女弟子。他的学生王芝青在《我的绘画老师林琴南》中回忆说：“在清政府倒台不久的中国社会里，当时的社会名流学者像他这样大胆收女学生的，可屈指一数了。这与他重视女子教育是分不开的。”

林纾还利用翻译小说的机会，向国人介绍了许多有知识、有教养的新式女性形象，令广大民众耳目一新。他想以此增加人们对知识女性的认可程度。可以说，林纾和其他有识之士一起，成了中国近代女性教育发展的历史上的先驱。

1907年，清政府正式将女性教育纳入国家教育体制。

# 第十章

# 译才并世数严林：开新风的林译小说

不识外文的林纾，却为中国文坛留下了百余部轰动一时的“林译小说”，使国人耳目为之一新。从“纾年已老，报国无日，故日为叫旦之鸡，冀吾同胞警醒”的自述中，我们可见其心中的澎湃激情。

# 译著之风开先河

民国元年（1912年），林纾为康有为绘了一幅题为《万木草堂图》的画，后来康有为作诗一首答谢：

译才并世数严林，百部虞初救世心。
喜剩灵光经历劫，谁伤正则日行吟。
唐人顽艳多哀感，欧俗风流所入深。
多谢郑虔三绝笔，草堂风雨日披寻。

诗中所说的“虞初”是西汉人，作有通俗的周史，《汉书》将其列入小说家中，后世用其名字作为笔记小说的代称。“正则”指的是屈原，“郑虔”是唐代画家，有“诗书画三绝”的美誉。在这首诗里，康有为将林纾与严复并举为难得的“译才”，他没料到，自己的一首答谢诗，却惹得严复林纾都不高兴。

严复与林纾同为福州老乡。那时福州城以南街为界，一分为二，街东属于闽县，街西属于侯官县。因此，闽县和侯官实际仍是同一乡里。这两人均用古文翻译西洋作品，两人成名译作的最初版本均在福

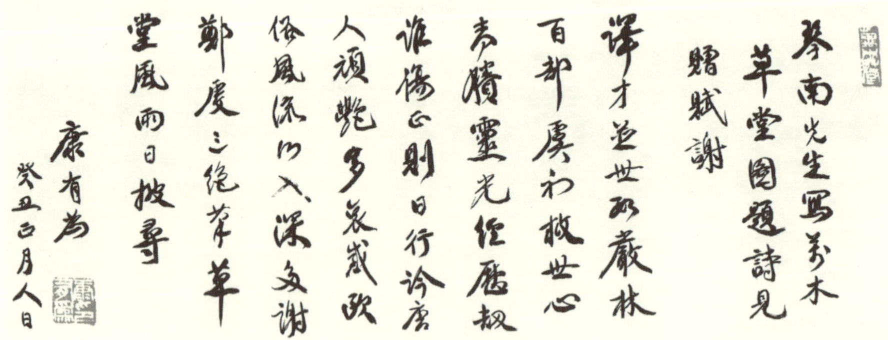

康有为手书长卷

州刊印，承印者均为同一老板吴玉田。不同的是，严复翻译的是西方的思想名著，而林纾翻译的是西方的小说。严复于1896年至1898年翻译了《天演论》等名著，为世人所瞩目；林纾1899年翻译《巴黎茶花女遗事》，引起轰动。有趣的是，精通古文和英文的严复瞧不起同乡林纾翻译的小说。在严复眼中，天下哪有一个外国字都不懂的译才？这个不懂英文的林琴南，靠别人口述意译小说，是不能作为"译才"与自己并列的；而林纾一贯看重自己作为古文家的身份，对为自己博得大名的翻译小说，始终视为"小道"。康有为在这首诗中，偏偏不称赞自己的古文而称赞自己的翻译，是舍本逐末。而且，诗歌是送给自己的，自己本应是诗中的主角，严复只不过是个陪衬人物而已。康有为不用"十四盐"韵把林纾放在前面，偏偏用"十二侵"韵，将严复放在自己名字前面，"译才并世数严林"，是有意贬低自己，有损自己的尊严。

"严林"之语虽然得罪了二人，却成就了文坛一段逸事。实际上，"译才并世数严林"是当时学术界的主流认识。严复翻译并改作过《天演论》《原富》《群学肄言》《法意》《穆勒名学》等西学名著，尤其是《天演论》，使"救亡图存"的思想深入人心，对中国社会产生了巨大的影响。在近代中国，"林译小说"与"严译名著"是销量最大、影响最大的两套翻译丛书。如果说严复是大量翻译介绍西方社会科学著作的第一人，林纾就是大量翻译介绍西方文学作品的第一人。但是他们二人的学习背景与经历却有显著的不同：严复曾赴英国留学，精通英文，翻译西方经典著作时不仅认真选择版本，而且提出了至今仍对汉语翻译界产生巨大影响的"信、达、雅"的翻译标准。林纾毕生未曾出国，而且不通外语，必须与懂外语的口述者合作。但他凭着极大的热情和毅力、深厚的文学素养和对文学作品敏锐的感受力，创作出了海量的翻译作品，并产生了巨大影响，使他当之无愧地成为近现代中国译坛上唯一可以与严复比肩的大师。

## 打开西风欧雨之窗的《茶花女》

林纾走上翻译道路实属偶然。他46岁才开始自己的翻译生涯。细说缘由，还与他的丧妻之痛有关。

1897年2月，与林纾相濡以沫28年的发妻刘琼姿病故。斯人已逝，此情犹在。多少个日日夜夜相依相伴的情景令他难以忘怀，妻子留下的痕迹历历在目，林纾为此郁郁寡欢。这年春天，在家人的劝说下，感伤的林纾到福州马江一位叫魏瀚的朋友家中散心。

魏瀚是马尾船政的工程师，其宅邸坐落在风景宜人的马江岸边。秀丽的闽江与乌龙江在这里汇合，浩浩荡荡奔向大海。但是，眼前的美景并不能抚慰深受丧妻打击的林纾，他心情依然十分低落。于是，魏瀚便介绍船政学堂的法文教官王寿昌与林纾合译小说，想让他从丧妻的痛苦中解脱出来。林纾起初担心自己不能胜任，不愿答应。王寿昌几番劝说，并向林纾讲述了法国19世纪著名剧作家、小说家小仲马的名著《茶花女》的故事。

王寿昌

《茶花女》叙述的是一个凄美哀婉的爱情悲剧。小仲马生动地描写了一位外表与内心都像白茶花那样纯洁美丽的少女，最终被摧残致死的故事。主人公马克格尼尔（今译玛格丽特·戈蒂埃）是个容貌异常出色的农村姑娘。她到巴黎谋生，为生活所迫，不幸沦为妓女，痛苦地在卖笑生涯中度日。一次，

鼓山是福州的一处著名风景名胜，位于福州东郊闽江北岸，林壑幽美，风景秀丽，历代文人骚客在其上留下了许多摩崖石刻。西晋尚书郎郭璞在《迁城记》中曾发出“左旗（山）右鼓（山），全闽二绝”的赞叹。其顶峰有一巨石如鼓。传说其每当风雨交加，便会发出簸荡若鼓之声，故名鼓山。

她偶然结识了富家青年亚猛（今译阿尔芒）。亚猛十分同情马克格尼尔的不幸遭遇，深深爱上了这位美丽的姑娘，他的真挚情感激起了马克格尼尔对爱情生活的向往。他们相亲相爱，移居到市郊，过着平静而幸福的生活。但是亚猛的父亲门第观念很重，认为他们的结合有辱家风，并将断送儿子的前程。于是，他暗中迫使马克格尼尔与亚猛断绝联系。深爱亚猛的马克格尼尔为了不连累自己的爱人，狠心与亚猛断了关系。蒙在鼓里的亚猛不明内情，以为马克格尼尔负心，爱恨交加，多次寻机羞辱她。马克格尼尔有苦难言，终于禁不住内心痛苦的折磨，一病不起，最终在贫病交加中含恨死去。临终前，她还深情地呼唤着亚猛的名字。死后，留下几页读来令人心碎的日记。

林纾被小仲马笔下凄美的爱情故事深深打动。他觉得这种爱情故事古今少有，翻译此书既可以寄托对发妻的哀悼之情，又可以拓展古文的应用范围。于是，在朋友怂恿下，他半开玩笑地说：“那必须请我到石鼓山一游方可！”魏瀚慨然回答：“一言为定！”

于是，林纾决定开始和王寿昌合译此书，由王寿昌口述，林纾再翻成文言文。

魏瀚租下一条船，备好酒菜，邀请林纾和王寿昌一起到鼓山游玩。在从马尾通往鼓山的游船上，王寿昌捧着法文版的《茶花女》临窗而坐，用福州方言动情地叙述着书中的故事。林纾耳聪手疾，文思敏捷，他展纸挥毫，奋笔疾书，“耳受笔追，声已笔止”，经常是王寿昌刚说完一句，他就已写好一句。一天4个小时下来，记下的文字就有6000多字，翻译速度惊人。更令人吃惊的是，林纾的翻译，用的是文言文，而且几乎不用修改，顺手成章！

因为心境悲凉，林纾常常被故事中的主人公打动，行文也在不经意间添加了对亡妻的思念。他在翻译过程中也与书中的主人公越走越近，茶花女仿佛变成了他的亡妻，他不由将自己内心深处的感情深深融入译笔，带上了感伤的风格。刘琼姿是一个善良而有个性的女性，林纾与她相濡以沫，但也曾有误会，也因为自己的倔强急躁而伤害过她。她积劳成疾，过早去世。每想到此，林纾就会悔恨当初不知体贴妻子，不珍惜妻子的感情，他经常完全沉入沉痛的回忆之中。而王寿昌也是性情中人，每逢遇到缠绵悱恻的情节，两人常常相对流泪，甚至掷笔恸哭。这个情景，后来常常成为朋友们的谈资。



一部西方名著，在两位挚友的默契合作下，就这样被译成了优美动人的文言文。“林译小说”的第一部、中国近代文学翻译史上划时代的译著，就这样始于闽江上这条不起眼的游船中。

译完之后，林纾的感情仍不能自已，他写道：“余既译《茶花女遗事》，掷笔哭者三数，以为天下女子性情，坚于丈夫。而士夫中必若龙逄、比干之挚忠极义，百死不可挠折，方足与马克竞。”极力称赞马克格尼尔对爱情的忠贞，以为天下女子的性情坚于男性，不像他们那样朝三暮四。而像马克格尼尔这样的钟情女子，只有古代龙逄、比干的英雄行为可与之相比。

书译成后，题为《巴黎茶花女遗事》。因为在中国传统文化语境里，只有诗文才能雄踞文学殿堂的宝座，小说往往被视为小道。当时人们重文章轻小说的观念很普遍，小说为士大夫们所不屑，所以两个人都不敢署上真名。王寿昌署名晓斋主人，林纾则取“枫落吴江冷”诗意，署名冷红生。

1899年2月，魏瀚出资印行《巴黎茶花女遗事》。经福州雕版名家吴玉田雕成后，在福州刊行。初次印书100本，专供林纾、王寿昌、魏瀚分赠亲朋好友。后由在上海的汪康年与尚在福州的高梦旦商议，希望由自己铅印发行。就这样，《巴黎茶花女遗事》在上海经汪康年出资重刊后，“中国人见所未见，不胫走万本”。一时间，洛阳纸贵，风行海内。在中国历来被视为小道的小说，经过林纾简洁优美而又蕴含深情的文言文翻译，散发着动人心魄的魅力，赚取了无数国人的眼泪。严复曾为此写诗赞曰：“可怜一卷《茶花女》，断尽支那荡子肠！”

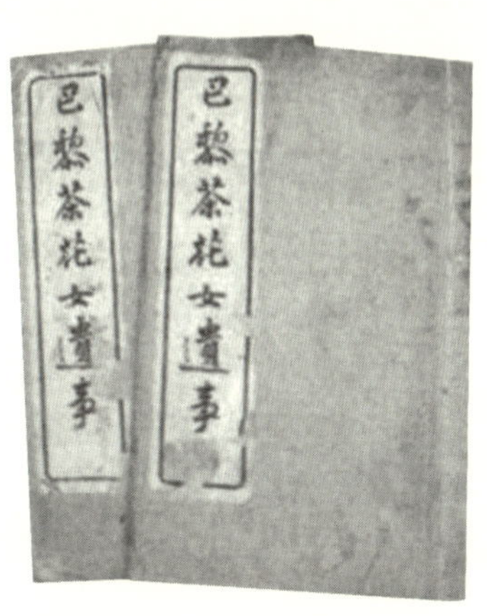

《巴黎茶花女遗事》书衣

一部“于无意中得先成书”的《巴黎茶花女遗事》，成为林纾的成名译作，使林纾成为将西洋文学引入中国的第一人。范先渊说：“闽县林纾初以桐城派古文作者享小名，旋以《茶花女遗事》的译者享大名。”林纾自己也深受鼓舞，他写道：“所译《巴黎茶花女遗事》，尤凄婉有情致，尝自读而笑曰：‘吾能状物态至此，宁谓木强之人果与情为仇也耶！’”他为自己“能状物态至此”感到欣慰，并深信心性“木强”的他绝非“与情为仇”之人。

《巴黎茶花女遗事》在两年多的时间内，风行大江南北，一印再印。小说的热卖鼓舞着林纾，大大增强了他翻译西洋文学的兴趣和信心，促使他沿着翻译文学作品的道路走下去。

## 开启民智的《黑奴吁天录》

译作成名之后的林纾，后来从家乡福州北上，客居杭州。本因戊戌变法失败而心灰意冷，但经历了庚子巨变，民族的危亡使他再一次振作起来。林纾目睹国家衰败和统治阶级的顽固不化，体察到人心思变的时代趋势，决心用文学翻译作为救亡反帝的武器，急于寻觅并翻译能够开启民智、激励民族精神的政治小说或英雄传记。

一天，林纾与精通英文的邻居魏易从杭州的求是书院（今浙江大学前身）借到了美国斯土活（今译斯托）夫人所著的小说《黑奴吁天录》（今译《汤姆叔叔的小屋》）。魏易是浙江仁和人，因仰慕林纾之名，主动登门拜访，遂成挚友。后来他与林纾共合译作品50多种，不仅数量多，而且翻译质量也较高。当时魏易读罢此书，不禁拍手叫好，对林纾说："此书对于警醒国人，不啻暮鼓晨钟！"

原来，这是一部深刻揭露蓄奴制罪恶的小说。它既是美国废奴文学中的里程碑式作品，又是一部现实主义的著作，被誉为美国内战后现实主义小说的先驱。小说的主人公是一位名叫汤姆的黑奴。尽管他诚实、善良、任劳任怨，但主人为了还债，还是决意将他和女奴意里赛的儿子海雷卖给奴隶贩子海留。汤姆是个虔诚的基督徒，顺从自己的命运，听凭主人安排。而意里赛担心失去她唯一幸存的孩子，在给女主人留下一张致歉的纸条之后，连夜带着儿子逃走。人贩子海留将汤姆卖给一个资本家当车夫。两年后，这位主人去世，汤姆又像猪狗一样被卖给一个更凶暴的农场主。在这里，汤姆受尽虐待，主人决意要压垮汤姆对上帝的信仰。但汤姆拒绝停止对《圣经》的阅读，并尽全力安慰其他奴隶。在他身上，有一颗正直、善良的心，有着美好的人性。他冒着危险，悄悄放走了两个和他一样正在受难的女黑奴。于是，可怜的汤姆被残忍的农场主活活地打死了。临死前，他宽恕了两位监工野蛮殴打他的行为。与汤姆的悲惨命运不同，意里赛母子却从人贩子追捕下逃脱，历尽艰险到达加拿大，最终经法国抵达容纳美国黑奴的非洲国家利比里亚，挣脱了奴隶的枷锁，获得自由。

这部小说深刻地暴露了种族压迫的罪恶，鞭挞了奴隶制度的丑恶。黑奴汤姆的悲惨遭遇，令林纾感叹不已，认为黄种人在美国受到的虐待比黑人还严重。两人满怀激情，立即动手翻译。他们的热情来源于当时国内外的特殊环境。1901年前后，美国发生了经济危机，代表大资本家利益的执政党为了转移国内矛盾，煽起排华高潮，许多华工遭到了种族主义分子的抢掠毒打，甚至被杀害，腐败无能的清政府却根本无力与美国进行交涉。此时，中国刚刚经历八国联军入侵之辱，彻底沦为半殖民地半封建社会，亡国灭种之祸近在眼前。因此，两人都带着强烈的责任感，希望能向国人介绍这部揭示美国种族压迫罪恶的长篇小说。



从类型来看，《黑奴吁天录》可算是一部典型的政治小说。在林纾浩瀚的翻译作品之中，其影响之大完全可以与《巴黎茶花女遗事》相媲美。林纾和魏易都怀着满腔的义愤、满腹的悲伤，且泣且述，且泣且书，泪流不止，仅用了两个月的时间就完成了全部翻译工作。完稿之后，林纾的心情仍无法平静，于是在为本书所作的《跋》中强调，“触黄种之将亡，因而愈生其悲怀耳”。他们从黑奴的悲惨遭遇，联想到民族的命运，于是将感叹民族将亡的悲情融入译作之中。他说，翻译此书，并非只是生动地再现主人公的悲惨遭遇，以此博得读者无端的眼泪，而是因为我们民族将遭遇生存危机，自己不能不向大众奔走呼号。他认为，自己的译著虽然俚浅，但也足以振作志气，促使大众以实际行动挽救民族危亡。

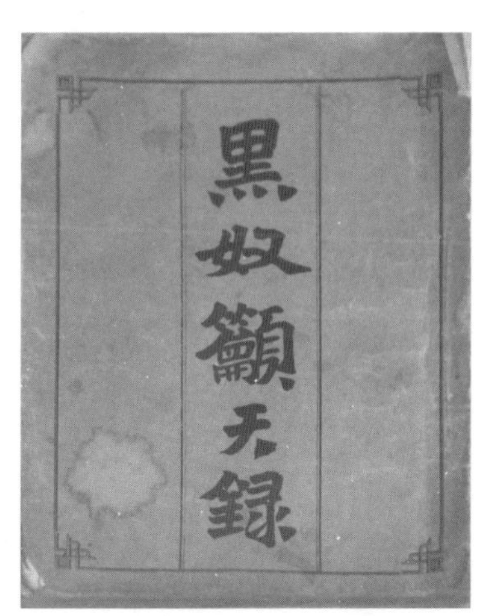

《黑奴吁天录》书衣

《黑奴吁天录》出版之后，即广为流传，好评如潮，影响十分巨大。有位署名“醒狮”的读者，在《新民丛报》作了一首《题〈黑奴吁天录〉后》的诗：“专制心雄压万夫，自由平等理全无。依微黄种前程事，岂独伤心在黑奴。”表明读者已经将此书与反抗清朝专制统治联系在一起。鲁迅在日本收到友人寄来的《黑奴吁天录》之后，废寝忘食，用了一天时间就看完了这本书，也深为此书所打动。他在写给友人的信中由黑奴的悲惨遭遇联想到祖国的未来，生出许多感叹。当时的报刊上常登载关于此书的评介、题咏和读后感。《黑奴吁天录》的发行，对反美华工禁约斗争也起到了很大的促进作用。林纾通过各种渠道了解到读者的热烈反响之后，不由感叹翻译这类政治思想小说可以很好地实现开启民智的目的。显然，自《黑奴吁天录》开始，林纾已自觉地把自己的文学翻译事业与中国人民的反帝爱国斗争紧密结合在一起，融入了自己强烈的情感，因而自然会引起广大读者的共鸣。



## 倾注真情的《迦茵小传》

在林纾翻译的小说中，对青年人影响最大、对封建礼教冲击最有力的要数《迦茵小传》。这部小说是英国作家哈葛德的作品。哈葛德以善写通俗小说出名，《迦茵小传》在其众多的小说中不算特别出色，在英国文学史上也无重要地位，看似是一部很寻常的爱情小说。但本书经林纾翻译后，却大为畅销。小说与《巴黎茶花女遗事》类似，写的也是青年男女的爱情悲剧。作品描写平民女子迦茵与贵族子弟亨利邂逅，两人一见钟情。迦茵鄙视追求她的小财主洛克，也不屈服其姨妈的各种压力，勇敢地与亨利相爱。最后，她为了成全亨利与爱玛的婚事，毅然牺牲自己的情感乃至生命，以换取亨利的幸福。翻译此书时，林纾已经53岁了，颇有人生逢秋之感。此时的他，一改“木强多怒”的性格，常被书中的儿女之情所打动。迦茵，这个英国农村的好女子，获得了他的无限同情与爱怜。

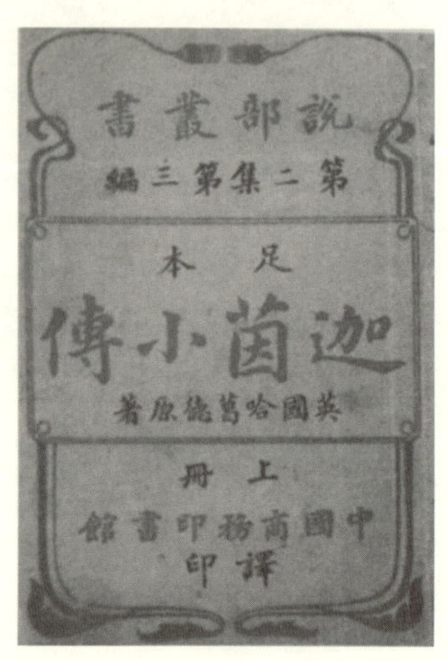

《迦茵小传》书衣

《迦茵小传》1905年由商务印书馆出

版，卷首另有夏曾佑《积雨卧病读琴南〈迦茵小传〉有感》：“万书堆里垂垂老，悔向人前说古今。薄病最宜残烛下，暮云应作九洲阴。旁行幸有伽娄笔，发喜难窥大梵心。会得言情头已白，捻髭想见独沉吟。”此书之前已有蟠溪子与包天笑的节译本，题为《迦茵小传》。蟠氏有意删去了这本书的前半部，隐讳迦因与亨利热恋、有一私生子等情节，以保全迦茵的“贞操”。林纾的全译本因冲击封建伦理及贞操观念，引发了一场与保守派的争论，但也引起了许多近代中国知识分子的强烈共鸣。郭沫若在《少年时代》的自传中回忆第一次读《迦茵小传》时说：

> 林琴南译的小说，在当时是很流行的，那也是我所嗜好的一种读物。我最初读的是Haggard的《迦茵小传》，那女主人公的迦茵是怎样的引起了我深厚的同情，诱出了我大量的眼泪哟！我很爱怜她，我也很羡慕她的爱人亨利。当我读到亨利上古塔去替她取鸦雏，从古塔的顶上坠下，她张着两手去接受着他的时候，就好像我自己是从凌云山的古塔顶坠下来了的一样。我想假使有那样爱我的美好的迦茵姑娘，我就从凌云山的塔顶坠下，我就为她而死，也很甘心。

《迦茵小传》的巨大成功，离不开林纾流畅动人的译笔。钱锺书曾说，林纾在翻译小说时，使用的是一种“较通俗、较随便、富于弹性的文言”。林纾将这种语言用于描摹人物的外貌、刻画人物的心理，传神生动。如在第二章中，作者写迦茵认识亨利之前，洛克向她求爱被拒绝后的情景。我们来看林纾的两段译文：

> 洛克行年三十五，仪表亦不猥鄙，既颀而瘦，睛作蔚蓝色，却甚流转，五官端整，惟下颏稍长而巨；洛克恶之，因蓄长髯以自盖。臂修而掌温嫩如女子，时伸时屈，对人若无可自容。服饰则介于教会及村居人之间，黑衫长袂，冠毡冠，圆顶而广檐，着骑士高靴，橐橐然。

> ……
>
> 迦茵见洛克行，如释重负，趺坐地上，仰天嘘气，虽为乐片晌，而愁绪忽潮起，以为橛竖若洛克者，能坚守信约耶？且吾此时悉力拒之，彼对吾姨，安能勿声？盖知阿姨嗜利，必欲趣嫁洛克；若如天之福，洛克不言，则时日少须，尚足自脱。……思极仰卧地上。观天际飞云，片片相逐，直至海上，与水云合，蔚蓝一色，气极清明。自念骤归见窘于阿姨，不如偷间斯须，以吸清空之气，较为幽静。时草虫嘶咽，野蝶群飞，仰见古塔之上，老鸦哺儿声牙牙然。

第一段写纠缠迦茵的小财主洛克的外貌，惟妙惟肖。洛克手掌温嫩如女子，服饰介于教会人士与普通村民之间，活生生的一个乡绅形象。他嫌自己的下巴太长，便蓄长须来掩饰；在他人面前，两只手伸也不是，屈也不是，“仪表亦不猥鄙”，穿着打扮是一般地主的模样，内心却由于自卑羞怯而有几分猥琐。第二段描写迦茵摆脱洛克纠缠后的心理活动。先是趺坐嘘气，如释重负，随即又愁绪潮起，想到未允洛克的求婚，回家后一定会被姨妈责难，索性仰卧荒郊，轻松片刻。从以上译文可以看出，林纾以娴熟的技巧，精彩地再现了人物的外貌、动作和对话，表现出细致的心理活动。在景色描写方面，译者虽然着墨不多，但语言简洁，意象鲜明，极为传神，与人物心理活动相衬相融，很好地配合了小说主旨。可以说，林纾译文的文采，要远远胜过原著。

郭沫若说这部书“在世界文学史上并没有甚么地位，但经林琴南那种简洁的古文译出来，真是增添了不少光彩。”钱锺书也说他重读了一遍林译作品后，“我这一次发现自己宁可读林纾的译文，不乐意读哈葛德的原文。理由很简单：林纾的中文文笔比哈葛德的英文文笔高明得多。”作为文学名家，他们的评价都是十分中肯而有见地的。林译小说也引领了许多热爱文学的青年走上了文学创作的道路。著名

林纾译作书衣

女作家苏雪林回忆道：“民国初年大哥带来几本那时正在风行的林译小说，像什么《巴黎茶花女遗事》《迦茵小传》等， 使我于中国旧小说之外，又发见了一个新天地。渐渐地我明白了之乎者也的用法，渐渐地能够用文言写一段写景或记事小文，并且摩拟林译笔调，居然很像。由读他的译本又发生读他创作的热望。当时出版的什么《畏庐文集》《续集》《三集》还有笔记小说如《畏庐琐记》《京华碧血录》，甚至他的山水画集之类，无一不勤加搜求。”林纾主动接受西方小说的影响，突破了我国传统长篇小说章回体的叙述模式，开风气之先，在中国长篇小说形式方面取得了一大进步。郑振铎在《林琴南先生》中就指出：“中国的章回小说的传统体裁，实从他而始打破。”

## 译界泰斗，成就辉煌

在林纾生命的最后20多年里，不谙外文的他，先后与陈家麟、魏易等精通西文的才子们合作翻译，几乎每年都有几种译著印行，最多的年份竟有十余种。关于他翻译作品的总数，说法不一。据其女婿李家骥在《林纾翻译小说未刊九种前言》中所说，共有181种。他翻译的小说，原著出自英国、法国、美国、俄国、德国、希腊、瑞士、挪威、日本、西班牙、比利时等11个国家的近百位作家。这是一个十分惊人的数字，所以谭正璧说：“称（林纾）曰‘译界之王’，谁曰不符？”上至当朝大臣、文人名士，下至普通百姓、少男少女，都成为“林译小说”的读者。鲁迅、周作人、郭沫若、钱锺书、朱自清、冰心、庐隐等作家，都有过一段嗜读“林译小说”的经历。

周作人在《我学国文的经验》中曾回忆在东京留学时，与鲁迅一起痴迷“林译小说”的情景：“我们对于‘林译小说’有那么的热心，只要他印出一册，来到东京，便一定跑到神田中国书林，去把它买来，看过之后鲁迅还拿到订书店去，改装硬纸板书面，背脊用的是青灰洋。”朱自清说：“中学时代曾写过一篇《聊斋志异》式的山大王的故事，辞藻和组织大约还模仿林译小说。”冰心11岁就被林纾翻译的《茶花女》所吸引，于是开始竭力搜求“林译小说”，成为她追求阅读西方文学作品的开始。商务印书馆曾为林纾出版过一套《林译小说丛书》。可以说，林译小说是中国现代文学史上的一道独特的风景。当然，“林译小说”在当时之所以流行，能赢得相当数量的读者，产生巨大的社会反响，除了其动人的译笔外，更在于他所翻译的作品内容适应了那个时代的要求。

林纾绝大多数的译作都有序跋，这是林译小说的一大特点。他通过翻译和序跋，打开了国人的文化视野，架起了一座沟通中外文学的桥梁。从这些序跋中，我们可以读出林纾翻译小说的动机，触摸到他内心深处的爱国情怀。在《不如归序》中，他写道：“纾年已老，报国无日，故日为叫旦之鸡，冀吾同胞警醒。”他心中涌动着救国危亡的爱国激情，为了国家的强大和民族的觉醒，数十年孜孜不倦地翻译小说，甘做中华“叫旦之鸡”，用古文创造了翻译小说辉煌的成就，成为前无古人、后无来者的奇特的文化现象。

1907年，林纾为自己翻译的小说《爱国二童子传》写了“达旨”一文：

> 畏庐，闽海一老学究也。少贱，不齿于人。今已老，无他长，但随吾友魏生易、曾生宗巩、陈生杜蘅、李生世中之

后，听其朗颂西文译为华语，畏庐则走笔书之。亦冀以诚告海内至宝至贵、亲如骨肉、尊如圣贤之青年学生读之，以振动其爱国之志气。人谓此即畏庐实业也。噫！畏庐焉有业！果能如称我之言，使海内挚爱之青年学生，人人归本于实业，则畏庐赤心为国之志，微微得伸，此或可谓实业耳。

在文中，林纾借题发挥，不仅号召当时的中国青年学生读此书后都能回到创立实业的道路上，而且把自己的翻译事业也称为救国的实业。林纾的译著，也确如“叫旦之鸡”，唤起了当时关心中华民族前途和命运的热血青年。如《黑奴吁天录》在当时就引起了强烈的社会反响，许多人边读边掉泪，将此书比作“警钟”，他的学生朱羲胄认为“此书甚影响清末革命思想”。

林纾的翻译作品，为与外界封闭了数百年的国人打开了一扇了解西方文学的窗口，使得广大读者的耳目为之一新，也使小说和小说家在文坛上的地位大为提高。他的译作，适应了当时学习西方、开启民智的时代潮流，让中国人得以通过西方的文学名著一窥神秘的西方社会生活。如《巴黎茶花女遗事》一书，打破了中国传统文学中章回小说和佳人小说的套路，开了近代言情小说的先河，在世纪交替的历史转折时期，对国人的爱情婚姻观念产生了巨大的影响。年轻的读者从书中看到：妓女原来也能如此真挚可爱，而以权势压人的家长却这般丑恶，人们可以有恋爱的自由，在三纲五常之外更可以有追求自身幸福的权利……凡此种种，都是中国人未曾闻见的——原来外面的世界这么大，这么美好，这么开放与自由！又如《迦茵小传》中的迦茵，未婚先孕，在封建卫道士们看来简直大逆不道，有辱门风。但在林纾笔下，迦茵并不是淫妇荡女，她仍然忠贞纯洁，仍然向往浪漫的爱情。这部译作有力地冲击了封建礼教。陈源在《西滢闲话》中甚至说，中国的革命是由两部小说造成的，一部是《巴黎茶花女遗事》，另一部就是《迦茵小传》。近代中国人追求个性解放，渴望恋爱自由、要求婚姻自主，向往那种以爱情为唯一基础的浪漫型男女关系。但这种爱情理想在传统的礼教文化中却被完全扼杀。这也可以解释为什么《迦茵小传》这部在英国文学史上没什么地位的小说却能在中国造成如此巨大的影响。

当然，林纾的翻译也有令人遗憾之处。主要原因就是他看不懂作品的原文。不懂外语的他，不能严格选择原著，因而翻译了一些二三流作家的作品，如哈葛德等，同时忽略了许多名家名作；他将小说和剧本混为一谈，把儿童读物视作笔记小说；此外，受合作者外语水平、文学素养的制约，译文中还有很多可斟酌的地方。不仅时人为林纾不通外文而惋惜，他自己也为此深感遗憾，他在《撒克逊劫后英雄略序》中感慨道：

> 惜余年已五十有四，不能抱书从学生之后，请业于西师之门。凡诸译著均恃耳而屏目，真吾生之大不幸矣。……嗟夫！青年学生，安可不以老悖为鉴哉！

这里的“恃耳而屏目”，指的就是译书时，全靠听他人口述，而无法自己自主阅读，就像眼睛被遮蔽了一样，他将此认为是自己的大不幸，因此希望年轻的学子要以自己为鉴，努力学好外文。他还多次要求儿子“以七成之功治洋文，以三成之功治汉文”“自（礼）拜一至（礼）拜五止，夜中全读英文”“英文最要紧，务先学语言文字，尤以会话为急”。当然，他要求青年人学好洋文的目的，不仅在于语言本身，更是为了掌握学习“西学”的工具。他谆谆教导学生，只有学好本领才能抵抗外敌入侵，不能“徒守门宇”，而要学兼中西，重视新学。

对于自己翻译中的失误，林纾的态度十分坦然。他在《荒唐言跋》中说：

> 纾本不能西文，均取朋友所口述者而译，此海内所知。至于谬误之处，咸纾粗心浮意，信笔行之，咎均在己，与朋

友无涉也。

声明凡是译文中的谬误都由自己承担，由此可见其人格的高尚。

寒光曾在《林琴南》一书中评价说："他那种要采外国之长来补吾国之短的苦心，是有目的有作为而万万不可埋没的！"在当时大多数读书人沉溺于八股文，鄙视西方科学技术知识的背景下，林纾能对学习西学如此重视，比起某些新文化先驱对古文偏激的看法，林纾的理念更显得冷静、客观，弥足珍贵。我们不得不佩服他的远见卓识。

第十一章

# 十年卖画隐长安：学者的狷介与自守

辛亥革命后，在“你方唱罢我登场”的混乱时局中，林纾坚持清介自守，不媚权贵。晚年以卖文、鬻画为生，仗义疏财，终生傲骨。

杜微是东汉末蜀人，诸葛亮领益州牧时，召其出仕辅政，他固辞不肯出。

谢朓十岁能文章，被称为奇童。齐高帝称帝时，想使其带头劝进，谢朓不从。

## 傲骨不捧名流场



晚年的林纾，在北京潜心作画。京城厚重的历史文化积淀，使得林纾的视野更加开阔。他博采众长，用独到的体悟进行创作。他的画意境高远，风格洒脱，声誉极高，有许多人慕名求画。尤其是他晚年的山水画，常将柔婉之景纳入画作，风格清秀雅逸，浑厚之中颇有淋漓之趣，极受青睐。京城的名流显贵与京、沪两地的收藏家争相求购，络绎不绝。林纾的女婿李家冀曾撰文回忆说：“林纾早年已对官僚政客间蝇营狗苟、尔虞我诈的丑态和险恶极为反感。即使来乞文求画者，也要衡量其品德如何而决定应否。否则，虽有高额笔润，皆婉辞不应。”在《七十自寿诗》其一中，他用“傲骨原宜老布衣”自嘲，表达了自己不同流合污之意。

在袁世凯“称帝”活动中，作为有一定名望的社会名流，林纾也是被拉拢的对象。但他拒绝在《劝进表》上签字，不为袁氏捧场。林纾后来所作《七十自寿诗》中有一首题为《追忆》，记录了这件事。诗曰：

渐台未败焰恢张，竟有征书到草堂。
不许杜微甘寂寞，似云谢朓善文章。
胁污阳托怜才意，却聘阴怀觅死方。
侥幸未蒙投阁辱，苟全性命赖穹苍。

他在诗后注释说，在这段时间，袁世凯手下人称他“硕学通儒”，想征召他当“高等顾问”，他以生病为借口极力推辞，打算实

在推不掉就先吞“阿芙蓉”再前往。“阿芙蓉”即鸦片，吞服可致死。这里说到了两件事：第一件事，在众人上演“劝进”闹剧时，林纾拒绝赴官署署名劝进。第二件事，“称帝”时林纾拒绝袁世凯之“聘”，不肯当“高等顾问”。

事实上，袁氏决定称帝后不仅聘林纾为“高等顾问”，还要委以“参政”之职，林纾一再严词拒绝。为了争取林纾，袁世凯派自己的亲信徐树铮作为说客。徐树铮是北洋安福系军阀，也是一名政客。但他与一般的军阀不同，曾留学日本，闲暇时喜欢读桐城派古文，尤其佩服林纾的古文功底，在林纾面前常以门生自称，是喜欢附庸风雅之人。1915年，徐树铮创办了正志学校，将从北京大学辞职的林纾聘去教古文，并委任其为教务长。林纾也觉得徐树铮颇通古文之道，又因他尊重自己，颇有些引为知己的感觉，双方常有笔墨往来。

林纾北京故居

1916年春夏之交的一天，徐树铮登门求见。坐定之后，他先是与林纾闲聊，见林纾兴致不错，便开口说出了来意。原来，他是奉袁世凯之命，想聘林纾为高等顾问。林纾听了，心中十分不快，淡淡地说："不才已老朽，恐负公美意。"徐树铮以为林纾是假意推辞，就开始一五一十地说起做顾问的好处来。林纾心中暗想：原来在你们这些政客眼里，我也不过是一个贪图名利之辈，我又岂能与你们为伍？便直接拒绝了。

林纾像（58岁）

徐树铮失望而去。不料，第二天，他又出现在林纾的家门口。他满脸堆笑地说，昨天回去之后，他已经将林纾的意思禀报了袁世凯，可袁世凯非请林纾出山不可。如果林纾不愿意做高等顾问，改任参政也行，反正都是挂个虚名而已。林纾听罢，非常痛快地告诉徐树铮，自己实在是不愿意和政界有任何瓜葛，既不愿当官，也不愿挂名。他对徐树铮说，"畏天循分"是祖母对他的教导，不可违背。自己一生都不愿做官，这次也不例外。徐树铮还是不死心，此后几天，天天上门游说。林纾斩钉截铁，坚辞不就。到了第五天，徐又登门时，林纾终于抑制不住心头的怒火，对徐吼道："请将吾头去，此足不能履中华门也！"他这宁死不从的态度使徐树铮愣住了。但是，经过多日交谈，徐树铮对林纾的人品修为有了更深入的了解，他被林纾感动了，在袁世凯面前竭力为林纾开脱，使其不至于惹祸上身。

林纾不仅自己坚决拒绝为袁世凯效劳，而且还对当时一些名流为袁世凯捧场表示悲叹。1916年他写过如下两首诗。第一首是当年清明节林纾第四次拜谒崇陵归来所作，题为《宿葵霜阁赠梁节庵》：

四年两度面葵霜，陵下衣冠泣夕阳。

枯寂一身关国脉，睽离百口侍先皇。

追从竹帛论千古，直剜心肝对五常。

眼底可怜名士尽，那分遗臭与流芳。

“葵霜阁”是梁鼎芬（节庵）为光绪守陵时的住处。这首诗虽然主要目的是颂扬梁鼎芬的“节操”，但最末一联却联系现实，慨叹天下名士大多从贼附逆，丧尽名节。第二首是当年冬天林纾为自己绘制的雪景图撰写的题画诗《晨起写雪图有感因题一首》：

十年卖画隐长安，一面时贤胆即寒。

世界已无清白望，山人写雪自家看。

此时，林纾已看淡世事，他远离污浊的官场，隐居京城，以卖文卖画为生，不愿面见当时的大人物，不复议论时政。林纾自称山人（即隐士），晨起写雪，表现了对世间清白的渴望。诗句中，流淌着他的激愤和绝望，真切地表现了其桀骜不驯的血性气质和高洁的心志。在袁世凯称帝的活动中，林纾始终坚持清白自守，令人称道。

林纾还在多篇诗文中表白自己的心志。在《续题画诗二十首》中，他倾吐着自己的心声：

对竹思鹤鹤即来，上有白云下苍苔。

吾家处士有双鹤，放鹤时节梅花开。

林纾将蕴含深意的竹、鹤和清高雅致的梅花意象组合入画，突出了自由不拘、坚守节操的人格境界，流露出孤芳自赏的心情。从奋求仕进到自甘布衣终老，其中漫长的历程和个中滋味只有自己知道。诗中蕴含的哲理足以令人久久思考与回味。

## 陶情养心融中西的《春觉斋论画》

林纾一生诗画齐名，尤其擅长山水画。从16岁开始到去世，他的一生都没有离开绘画。在他去世的次年，商务印书馆出版了《畏庐遗迹》第一集、第二集，收集了林纾晚年的山水画作，但花鸟、人物以及早年山水画等尚未涉及。

林纾的画论专著主要有《春觉斋论画》，此外还有一些画家传记和论画诗文。2014年，福建工程学院与商务印书馆、中国书店联合出版《林纾书画集》，反映了林纾书画创作和理论两方面的成就。



《春觉斋论画》是林纾数十年作画经验的结晶。这部画论专著详尽描述了山水画法理，以独到的见解点评了唐宋以来诸位画坛大家的优缺点。字里行间能融合古今，沟通中西，又兼有诗文之长。林纾在诗词上有很高的造诣，并将此运用于绘画创作和绘画理论著作中。在《春觉斋论画》中，林纾提出了“陶情养心”“词中有画”的观点。他列举了宋代张炎、王沂孙、吴文英、周密、周邦彦、史达祖、姜夔等著名词人的作品。精通音乐的张炎，强调艺术的感受、想象与形式，其词清丽流畅；王沂孙善于用凄楚哀婉的格调，清淡幽雅的意境寄托感慨；吴文英质实密丽，如“七宝楼台，眩人眼目”；周密意趣醇雅，文笔清丽；周邦彦长调善于铺叙，语言曲丽精雅；史达祖奇秀清逸，咏物辞情俱佳；姜夔性情孤傲，襟怀冲淡，其词空灵含蓄，显示出清空骚雅的审美趣味。他们的词，幽微细腻，含意微妙，意象千姿百态，呈现出幽细感伤的情思和柔媚婉约的艺术风貌，极富情韵与画意。而词与画的结合点，就是对超然物外的词情画意的追求。在林纾以前，也有取词入画的画家，但多属于自发的艺术创作。与他们不同，林纾打通了文论与画论，不仅在理论层面提出了“诗中有画，词中亦有画”的观点，而且还在实际创作过程中也取词入画。他曾取晏几道、周密的词意作过画，并且对绘画的效果表示满意。从“词中有画”可以看出，林纾的画论与绘画实践，真正达到了中国传统美学中“天人合一”的审美标准。

林纾眼界开阔，见多识广。在《春觉斋论画》中，他还常以西洋

画作为参照，取长补短。例如，他比较了西洋画与国画在画树和瀑布方面的不同，写道：

> 西人画树，能作弩出之枝，当面向人，此由其用光学也。若吾人水墨浅绛之笔，于左右及后着想都易，惟前之枝干，仅能作横，不能作直。……
>
> 西人写瀑布，是真瀑布，能从平顶之石上倾泻而下，上广而下锐，水流极有力，何者？水积岩顶，狂奔而下趣，水之落处力猛，渐下则水力亦渐杀，故水痕上广而下锐。吾辈山水中写瀑，则上狭而下舒，以两边山石参差错落，瀑布从石隙中出，至于大壑，支流始漫，此其不同于西画处。虽然，为地不同，故水态亦略别。西人写山水，极无意味；唯写瀑布，则万非华人所及。

如同小说翻译，顾廷龙先生说林纾在绘画上也是“沟通中西之一人”。



## 挥毫泼墨勤耕作

林纾作画，最初只是出于爱好与兴趣。1913年春，他因与京师大学堂魏晋古文派意见相左，双方进行过激烈的论争；后又受浙系排挤，辞去北大教职，以不同流合污的狷介勇气，开始以译书售稿与卖文卖画为生。因此，作画成了林纾晚年重要的谋生手段。郑振铎在《林琴南先生》一文中说道：“他的晚年的生活，除了译书之外， 并靠卖画为生。有人说，他的画较他的古文为好。他当七十岁的高龄时，还一天站立在画桌前六七个小时，不停不息的作画。”正是凭着过人的热情与精力，林纾为后世留下了不少山水、花鸟和人物画，以及堪称一绝的题画诗。

为了不媚权贵，自食其力，按自己内心的意愿清白自在地生活，

请人作诗文书画的酬劳称之为润笔，而为此所定的标准称为润例或润格。



林纾十分勤奋，每日黎明就起床，除了译书千字外，其余时间便用来作画。他的书房内左右各放置一张书桌，一高一低，高的到腹部，用来站着画画；低的与普通书桌一样，可以坐着写字。每天，林纾在左边站着画画，累了，就到右边的桌旁坐下，译书或者写文章。坐得久了，又站起来画画，除了吃饭时间，基本就在两张书桌之间来回走动。

《沧趣楼校诗图》

当时，林纾既有丰厚的小说翻译版税收入，又有不菲的润笔所得，可谓财源滚滚。文史掌故家郑逸梅存有1921年“林琴南更定润格

一纸”，具体为“5尺堂幅28元，5尺开大琴条4幅56元，3尺开小琴条4幅28元，斗方及纨折扇均5元，单条加倍，手卷点景均面议。限期不画，磨墨费加一成”。当时，在北京定有如此高润格的画家并不多。以著名画家齐白石为例，他1919年55岁时定居北京，以卖画为生，在琉璃厂定的润格是寓居上海的画坛泰斗吴昌硕为他所定，远远低于林纾。当年齐白石初来乍到，尚未成名，京城人对这位声名不显的湖南画家并不了解，对其冷逸的写意花鸟山水并不赏识，因而卖画并不顺利。他后来经人指点改变画风，并经朋友介绍结识了林纾。林纾在友人处见到他所画扇面，十分赞赏，当即买下了齐白石的画，将其与吴昌硕齐名而论，给予高度评价：“南吴北齐，可以媲美！”由此，齐白石的知名度开始提高，身价倍增。两人见面交谈，十分欢洽，遂成好友。齐白石十分感激林纾，曾为他刻制印章，在林纾七十寿辰之时，还画过一幅《闽海过帆》为他祝寿，并题诗赠给林纾。

齐白石为林纾所刻印章

辛勤的工作和高润笔的收入，使林纾曾经“岁入百万”，在当时可谓是一个天文数字。为此，他的画室被同乡好友陈衍戏称为“造币厂”，意即他如果需要钱，只要动动笔就行。

## 救人急难的“造币厂”

当然，以林纾卖文售画的收入，维持自家生计早已绰绰有余，不必如此辛苦。而实际情况却是，林纾即使如此辛苦，家境也并不十分殷实，因为晚年的他还是像年轻时一样慷慨仗义。他同情疾苦，好义尚侠，陈衍在《林纾传》中称他“遇人缓急，周之无吝色”，但凡有人求助，或遇到别人的急难，他总是仗义疏财，毫不吝啬地伸出援

“甑屡尘”是指东汉人范冉在桓帝时曾担任莱芜长，因为母亲去世而未去做官，家中常常断炊，以致蒸饭的瓦器即“甑”都蒙上了灰尘。



手。以至于其卖画收入虽然很高，却依然常常囊中羞涩。他曾在自己书房门楣上贴上自己手书的“磨坊”两个大字，亲朋好友不解其意。林纾向他们解释道：“我虽然年纪大了，但还有几个年幼的孩子，家里的一切费用，都要由我一个人来赚。我每天在书房里作画，就像驴每天下磨坊磨粉，一天不磨，就要挨饿。其中的艰辛，真是不足以向外人道。”他耗费心血每日作画，以自己的辛劳所得养活全家，接济他人。这从他所写的“润格诗”中可以看出来：

亲旧孤孀待哺多，山人无计奈他何。

不增画例谋分润，坐听饥寒作甚么。

这首诗写得真率，也是实情。几十年间，他慷慨解囊，无私帮助亲友病老丧葬、接济贫寒子弟衣食学费，不计其数。后来不少素昧平生的人也慕名来求接济，他也无不相赠。一天，他收到南京一位名叫卢克昌的人的来信。卢克昌在信中首先提到自己的窘况，接着又说自己做了一个梦，梦见自己走到一片大树林间，一棵大树下坐着一位头戴黄冠、朝南弹琴的老人，指着北方对他说：“那边有救穷之人。”读到这里，林纾已经明白了他的用意，给他寄了10元钱。类似的事情还有不少，即使被人称作“没遮拦的周人之急”，林纾也并不在意。有时亲友或弟子生活困难，他默许他们托名林纾翻译外国作品，或托名林纾绘画山水。他曾作诗自嘲：

等是天涯羁旅身，忍将陈乞蔑斯人。

迁流此后知何极，怀刺频来似有因。

倘有轻财疑任侠，却缘多难益怜贫。

回头还咀穷滋味，六十年前甑屡尘。

诗中说，大家同在他乡为客旅，怎忍心将自己比作春秋时期收买人心的齐国大夫陈乞，藐视前来借贷的这些人呢？迁徙流动到京城的人很多，身怀名片前来拜访自己的人也都有求助的原因。如果说自己轻财是任侠之举就不对了，只是自己所蒙受的苦难，而更加怜悯穷人。因为自己周济别人，使自己家里没有余财，生活又变得窘迫起来，重新去体会当年曾经历过的困顿生活。可见，童年及少年时期的奇穷经

林纾70岁时与友人合影

历，使他对需要帮助之人心存深切的同情怜悯，内心深处具有宽厚仁爱之心与义胆侠肠之情。

由于林纾同情贫苦、乐善好施，虽然“动辄得钱”，却轻财好施。因而，他没有多少积蓄。他去世后，灵柩还是由门人好友等集资运回故乡福州的。

林纾虽然以卖画为生，但一直保持着独立的人格，从不趋炎附势。他当时在北京名气已经很大，有不少权贵以高价请他写文或作画，都被他断然谢绝。他70岁那年，京城一位高官死了父亲，高官仰慕林纾，求他撰写墓志铭，并许诺给润笔费300元。在当时，这是一个很大的数目，而且写一篇墓志铭，对于林纾来说不过是举手之劳，他一生为亲朋好友、爱国志士甚至许多普通人都写过墓志铭。但林纾还是毫不犹豫地拒绝了——他不愿阿谀奉承这样的大人物。

直系军阀吴佩孚51岁生日时，有人出巨资请林纾作画为其祝寿。林纾听说来人求画是为了讨好这位大军阀，立即予以拒绝。平时也有许多这样的人找过他，但他坚持操守，从不为金钱所动。

与此相反，终其一生，林纾都富有怜悯之心，从不轻视底层劳动者。《清稗类钞》就有他和菜贩做朋友的记载，说他早年家境贫困，要靠教学生来侍奉母亲，收入微薄“时苦不给”。有一天，一个菜贩在他家门口放下担子休息，他出门与菜贩交谈，菜贩说自己家里只剩下母亲，卖菜所得全是为了供养母亲，其他并无所求。林纾叹道：“如果这样说，我就是你的朋友了，因为我们只是从事职业不同，但在侍奉母亲这点上都是一样的。”1920年，家乡福州淫雨连绵，闽江暴涨，泛滥成灾，农民缺衣少食。林纾从友人书信中得知消息，凄然落泪，马上拿出近年来作画所得救济灾民，并痛斥官府漠视百姓疾苦的态度。

有趣的是，著名艺术家梅兰芳为了替母亲庆贺六十寿辰，慕名向林纾求画。林纾则与梅兰芳商议，他为其作画，而梅兰芳则以唱一台戏作为酬谢，两人就此结下传为佳话的翰墨情缘。1921年林纾70岁生日时，淡泊的林纾坚决不愿意为自己庆贺寿辰。但他的弟子们私下酝酿为他祝寿，其晚年的弟子朱羲胄等人向林纾的友人、弟子和有交往的文艺界名人发出邀请，征集为老师祝寿的寿言。康有为、陈宝琛、陈衍、严复、李宣龚、徐世昌等人或投以诗文，或登门祝寿；齐白石、陈师曾、梅兰芳、尚小云、程砚秋等名流也纷纷登门或以绘画祝寿。这些寿文后来被朱羲胄选编入《贞文先生学行记》。

林纾逝世后不久，郑振铎在《小说月报》上发表了《林琴南先生》一文。文中说林纾是“一个很清介的人”，这个评价可谓中肯。

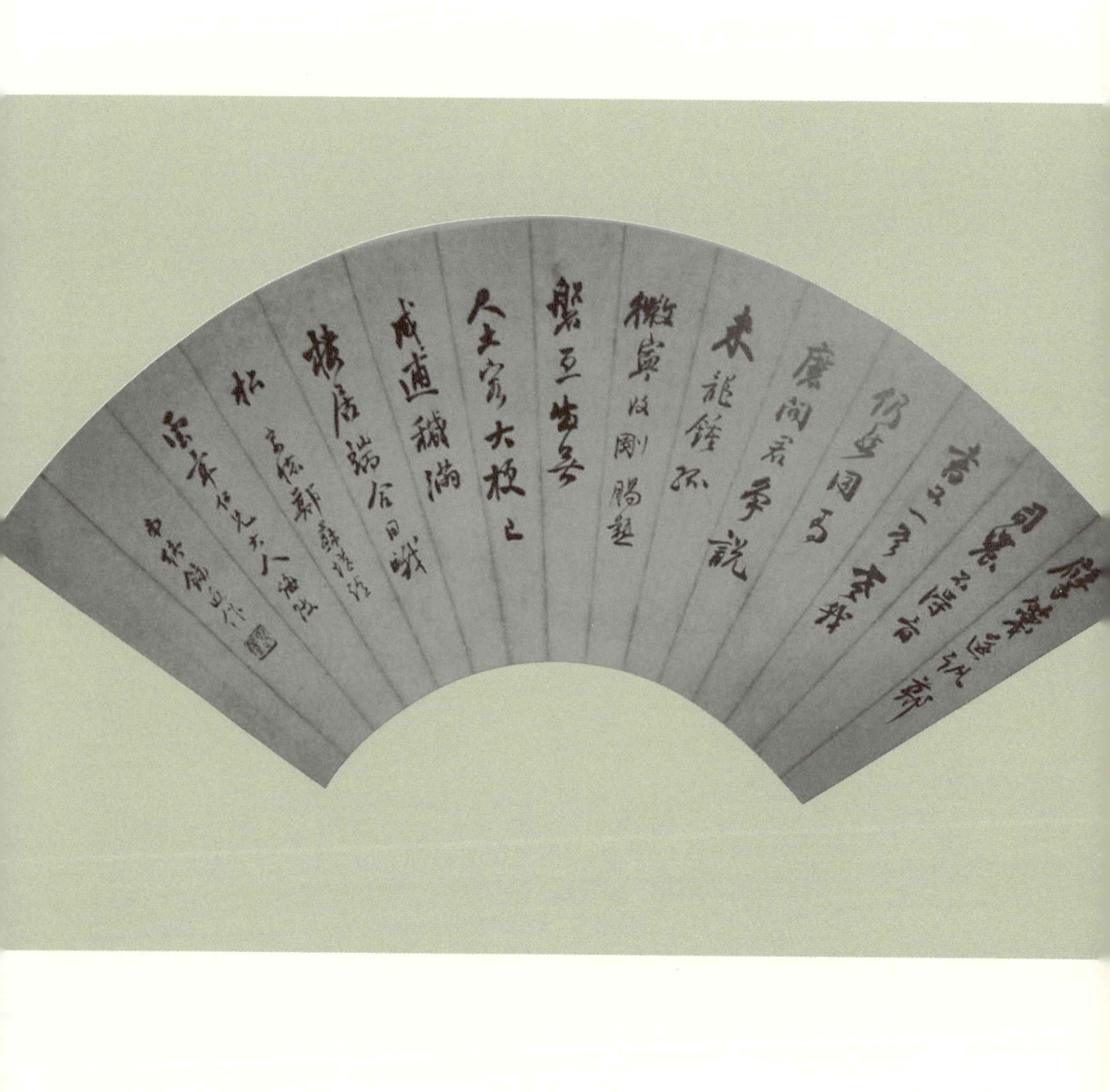

# 第十二章

# 力延古文之一线：古文最后的守夜人

林纾是中国传统古文的最后一位名家。其古文叙事抒情，杂以恢诡，妩媚动人。他一生保持着读书人的傲气，为了坚守古文的阵地，以殉道者的使命感体现出一贯倔强而直率的“狂者”品性。

## 著作等身的古文大家

作为清末民初著名的文章大家，在林纾心中，古文承载着中国文化的血脉，重要性不言而喻。为此，他在古文的研习和写作方面下了许多功夫，一般人难以企及。他一生都在矢志不渝地研治古文，专注于古文的研读、讲授和写作。他的著述达40多部，涉及散文、诗歌、小说、戏剧、文论、笔记和绘画多种，其中以散文集《畏庐文集》《畏庐续集》《畏庐三集》最为有名，加上他用古文翻译的上百部外国文学作品，可谓著作等身。当时他在古文界享有的地位与声誉，几乎可以与他在翻译界的地位与声誉一样高。由于他对古文的挚爱，使得他虽以翻译小说享誉海内，却不愿别人称其为“译才”，对康有为的“译才并世数严林”的赠诗耿耿于怀，他更愿意被人以“古文家”相称。在新文化运动时期，他仍然倾力从事古文创作，被人称为“古文殿军”，意思是古文的最后一位集大成者。他的文章清淡简朴，文辞隽永，叙事抒情妩媚动人，著名学者钱基博说他的古文“工为叙事抒情，杂以恢诡，妩媚动人，实前古所未有”。

林纾从小酷爱读书，勤奋过人。他有一句名言：“力学是苦事，然如四更起早，犯黑而前，渐渐向明；好游是乐事，然如傍晚出户，趁凉而行，渐渐向黑。”为了实现自己的远大目标，他选择了一条“渐渐向明”的不懈学习之路。他40岁前曾广泛阅读，之后开始精读，专攻唐宋古文和《左传》《史记》，特别欣赏唐代的韩愈和柳宗元。韩愈的文章他读了40年，庄子的文章每读一篇，都要反复玩味，有时会达到一个月之久，慢慢就稍稍懂得其中玄妙难懂的意思了。因此他的古文根底特别扎实。

对古文的写作方法和艺术价值，林纾都有相当的研究。到京城后，他在学校里讲授的都是古文。他结合教学实践，把在京师大学堂

的讲义编成了重要的理论专著《春觉斋论文》。他的学生朱羲胄说这本书都是林纾平生的感悟，能使今后作古文的人更容易了解古文的写作方法。作为散文理论教学的教材，此书今天仍有适用性。他的另一本古文论著《文微》则由朱羲胄整理出版。林纾的古文理论，不仅在专著中有较为集中的阐述，而且在各个选评集的总序或卷序中也提出了一些重要的见解，如《〈古文辞类纂〉选本》10卷、《左传撷华》2卷、《庄子浅说》4卷等。

1907年到1910年，林纾应商务印书馆的要求，编选评注并出版了共计10卷的《中学国文读本》。

这套读本由今溯古，选篇从清代一直上溯到先秦。林纾精选篇目，而且逐篇评注，每卷前都有他精心撰写的序言。这是中国近现代最有影响的一套古文选本，许多文化名人都是读着这套书成长的。从这些论著深厚的知识底蕴中，我们可以看到林纾上下古今触类旁通，精辟、独到的见解。我们看看他晚年作品出版的节奏：

1910年，林纾将自己历年所做的古文整理出109篇，名为《畏庐文集》付梓出版，受到热捧。

1913年，林纾逐篇批注《左传》文32篇，《孟子》6篇，《庄子》12篇，加上《离骚》，结集出版《左孟庄骚精华录》。

1914年，他将多年阅读韩柳古文的心得进行精心遴选，结集出版了2卷《韩柳文研究法》。

1916年，他的《畏庐续集》《春觉斋论文》《左传撷华》等集子相继出版。

1921年，他评选明代作家归有光散文84篇，编成《震川集选》，并完成《庄子浅说》。

同期，他还担任上海中华编译社国文函授部《文学讲义》的编辑部主任，撰写系列著作，同时担任该社《文学杂志》和《文学常识》主笔，发表《论文》《论画》等文章，可谓硕果累累，著作等身。

閩縣林紓評選

重訂

中學國文讀本

第一冊

清文

上海商務印書館印行

林纾选编的《中学国文读本》

林纾的文论著作旁征博引，融合了前人论著和他自己的治学心得，为传统古文从理论上做了总结。他的古文作品，文字清淡简朴，能用朴素的语言写动人心魄的文章。林纾在《文微》中曾说：“无情方无文。”他将真挚的感情融入恬淡的文字中，无论是怀亲思友，还是琐事怀旧，无不以情动人。如《苍霞精舍轩后记》，林纾记叙如落花残梦般的苍霞旧事，以琐事记情，寓抚今追昔之感。全文淡淡勾勒，娓娓道来，母亲、妻子的音容笑貌如在眼前，一往情深，堪与明代著名文人归有光传世名作《项脊轩志》相媲美。

即使用简朴的文字做文章，林纾也往往诙谐幽默，《老饕》《赵聋子小传》都是这样的作品，批评人间世事，短小精悍，妙趣横生。女作家苏雪林曾感叹道：“读他（林纾）的作品我知道了他的性情、思想、癖好，甚至他整个的人格。他是我幼年时最佩服的一个文士，又是我最初的国文导师。”

林纾写古文，以古为师但又有变化，这在他的山水游记中多有所表现。以他的《游西溪记》为例，按游览的顺序，要先写溪，再写庵，接着写湖。一般人很容易写成流水账，但林纾却笔走龙蛇，写得分外精彩：

> 西溪之胜，水行沿秦亭山十余里至留下，光景始异。溪上之山多幽茜，而秦亭特高峙，为西溪之镇山。溪行数转，犹见秦亭也。溪水缪然而清深，窄者不能容舟。野柳无次被丽水上，或突起溪心，停篙攀条，船侧转乃过。石桥十数，柿叶蓊蘐，秋气洒然。桥门印水，幻圆影如月，舟行入月中矣。
>
> ……
>
> 溪身渐广，弥望一白，近涡水矣。涡水，一名南漳湖，苇荡也。荡析水为九道，芦花间之。隔芦望邻船人，但见半身；带以下，芦花也。溪色愈明净，老桧成行可万株，秋山亭亭出其上。

林纾在这两段文字中，写山用“溪行数转，犹见秦亭也”突出它的高，写水用“桥门印水，幻圆影如月，舟行入月中矣”形容它的清，均美不胜收。南漳湖里，芦花荡漾，看上去是一大片白色。船行苇荡中，“隔芦望邻船人，但见半身；带以下，芦花也”，读来令人拍案叫绝。在《记超山梅花》中，他写杭州赏梅胜地超山的梅花盛景：“纵横交错，玉雪一色”，漫山遍野如玉如雪般芬芳的梅花，“远馥林麓，近偃陂陀；丛芬积缟，弥满山谷”，超山梅花气势之盛，令人叹为观止。

林纾对古文的态度，可以用痴迷执着来形容。民国初年的黑暗政局和复杂的政治斗争，使他彻底灰心，远离俗务，一头扎进故纸堆中，千方百计地延续古文的生命。无论是在古文写作、古文理论还是古文传播领域都耗费了无数心血。学者夏志清高度评价林纾用古文传播外国小说的成就，他赞叹说：“司各特、狄更斯、托尔斯泰和柯南道尔等人的小说，在林纾笔下，成了第一流的古文！”

他的诗作，无论是古体诗还是近体诗，都有很高的造诣。他的题画诗，与其古文一样，多出之血性，直抒性情，折射出其特有的精神特质。他将个体的生命情调渗透在题画诗中，直抒性情，或傲骨嶙峋，凌然倔强，不媚世俗；或任性自适，超然物外；或吟咏乡愁，自明心迹，都别有一番韵致，透露出鲜明的个性。



## 拼尽全力的卫道者

林纾的一生保持着读书人的傲气。为了维护古文的地位，体现出了一贯倔强而直率的“狂者”品性。1917年初，胡适、陈独秀等人在《新青年》上高举新文化运动大旗提倡白话文。终生挚爱古文的林纾，很快就发表了《论古文之不宜废》一文，反对完全废除文言文。他开始只是心平气和地说理回应，强调不要将白话和古文对立起来。此时，林纾的态度还比较温和，措辞也较委婉。第二年，新文化阵营的两位青年钱玄同和刘半农不甘寂寞，为诱出反对派，他们以“文学革命之反响”为总标题，化名发表文章，演出了一场双簧戏。钱玄同化名王敬轩，模仿遗老的口吻，发表鄙视白话文的文章《给〈新青年〉编者的一封信》，攻击《新青年》的白话文学是“荡妇所为”“狂吠之谈”；刘半农则以《新青年》记者身份，写了《复王敬轩书》进行反驳。两封信同时刊登在1918年3月15日的《新青年》4卷3号上。他们把林纾推为反对派的领袖，作为攻击的靶子，讥讽守旧者为“选学妖孽，桐城谬种”，嘲笑林纾的古文为不通之文，并讽刺揶揄林译小说。

生性木强的林纾果然被激怒。他无法割舍对古文的感情。在他看来，哺育了他一辈子的古文是中国传统文化的精华，无论如何不能废弃。难道反对旧思想就必须抛弃古文？他无论如何无法理解。面对对手的攻击，林纾先是保持沉默，一年后，他找准机会，开始反击新文化运动。他在上海《新申报》1919年2月起为他开辟的《蠡叟丛谈》栏目里，先后抛出了刻薄挖苦、讽刺、影射新文化阵营多位干将的小说《荆生》《妖梦》，并发表一系列文章阐明自己的立场。他利用和北大校长蔡培元在杭州时的旧交，给蔡元培写了一封长信。他在信中说，如果全部废止古文，采用白话，则街上“引车卖浆之徒”所用的语言都可以算符合文法，这样说来，京津的小商贩都可当上教授了？他还提出：“非读破万卷，不能为古文，亦并不能为白话。”由于蔡

林纾与朋友雅集照片

元培父亲曾拉车卖过豆浆，所以，文中将白话文贬为“引车卖浆之徒所操之语”，多多少少带有对蔡元培的讽刺之意。这封信，林纾在寄给蔡元培前，先交《公言报》发表。蔡元培读到后，当天即撰写文章，将林纾这封信归纳为“覆孔孟、铲伦常”和“尽废古书，行用土语为文字”两点，分别进行驳斥。之后的文白激争中，林纾使尽平生力气，以殉道者的使命感，力图挽救古文将亡的命运：“拼我残年，极力卫道”，以堂吉诃德般的精神挺身而出，竭尽全力捍卫古文。他要努力延续古文的生命，使它不至于没落下去，以避免“中华数千年文字光气一旦黯然而熠”。然而，林纾的举动，却招致更多毫不留情的反击，但他仍然不改自己倔强狂傲之气。面对新文化倡导者的批评与攻击，自幼木强多怒的林纾，也将自己狂暴的坏脾气带进了文坛。在《演归氏二孝子》跋语中，他说：“至于将来受一场毒骂，在我意中。我老廉颇顽皮憨力，尚能挽五石之弓。不汝惧也，来，来，来！”其固执与狂态可掬。

为了力延古文之一线，林纾晚年坚持古文写作与教学，坚守着他的古文阵地。

他不遗余力地举办古文讲习会，在去世前两个月，将拥有15册16种的《历代名家文集》付梓出版。他积极参加北京尊孔团体“尚贤会”的重建工作，并担任“尚贤会”宣扬“昌明圣教”的《国际公报》的名誉主笔，并以“畏庐痴语”为题，先后发表《克己篇》《尚耻篇》《主信篇》，宣传儒家思想道德。1923年，林纾写下了一生中的最后一篇古文——《续辨奸论》。在文中，他满怀忧愤之情，痛斥新文化运动者废古文之举，表达了对历史悠久的古文命运的哀伤。

1924年9月5日（旧历八月初七）林纾写了“遗训”十条，除嘱咐如何变卖家具、清理文稿画稿外，还特意为擅长古文辞的四子林琮写下了这样一条遗训：“古文，万不可释手，将来必为世宝贵。”10

月5日（旧历九月初七），林纾已足股大痛，饮食不进，言语不清，但仍以食指在林琮的手上写下遗言，要儿子坚持学习古文，“其勿怠尔修！”

林纾对古文的挚爱，一直延续到他生命的尽头，被称为“古文最后的守夜人”。

# 结　语

## 悠悠百年，自有能辩者

林纾的一生经历了诸多个人与国家的不幸，但他始终顽强抗争，并以各种方式开启民智。他的译作、画作与文章直到今天仍有着很高的艺术价值。他的一生光明坦荡，活得既本分又洒脱，有时还有点顽固。关于他的是是非非，都将留待后人评说。

1924年6月，劳苦一生的林纾病倒了。开头只是眼睑微肿，请中医诊治后，吃了数剂补药，精神却更加困乏，极度衰弱。后来改用甘寒汤剂，才觉稍稍安适。病势减轻后，林纾不顾病体衰弱，前往孔教会在北京办的孔教大学讲课。8月26日夜晚，林纾突然寒热剧作，不久即昏迷不醒。家人急忙请德国医生狄博尔诊治，诊断为心力衰竭。自此以后，勤勉不息的林纾终于卧床不起。每天，他除了服药外，仅能进牛奶等少量流食。

1924年10月9日清晨，林纾带着对古文的挚爱，告别了这个令他爱恨交加的世界，终年73岁。弥留之际，他用手指在儿子的手心划出最后的嘱咐，仍是对古文不灭的信念。

《小说月报》载林纾遗像

他去世后的丧礼十分隆重。亲戚、朋友、同乡、学生……，前来吊唁的人络绎不绝，灵堂里挂满了哀悼的诗文。为完成林纾归葬家乡的遗愿，次年，在亲朋好友资助下，他的妻子与儿子扶柩南下，将其安葬在福州北郊马鞍山白鸽笼怡人的青山绿水之间。

林纾的一生，经历了太多国家和个人的不幸。鸦片战争以来，中国的国门被西方列强的坚船利炮打开，历经磨难的中华民族再次饱受欺凌和屈辱，中国社会演绎着一部血和泪的史诗。林纾身处这种新旧交替的时代，历经中日战争、戊戌维新、义和团起义、八国联军进攻北京、辛亥革命、袁世凯称帝、张勋复辟，五四运动……，他的一生，也如历史纷杂万变一样复杂多姿，但其一颗爱国之心却始终不渝。他迫切希望中国能富强起来，一直探寻着拯救中国的道路。他主张第一要唤醒同胞，第二要发展实业。当先进的中国人纷纷将目光投向西方国家寻找真理之时，他率先从文学领域放眼看世界，以古文家的身份，通过翻译小说，将大量的外国名著介绍到中国来。他翻译的外国作品，先后涉及英、法、美、俄、德、希腊、日本、比利时、瑞士、挪威、西班牙等11个国家的众多作家。他怀着对祖国的爱，迫切希望自己能像一只报晓的雄鸡，唤醒人们。他的翻译小说，写态委曲逼真，叙事婉约动人，文笔流畅，感情充沛，有无微不达之妙，以致成为他最突出的成就。

时隔100多年的今天，虽然林纾当年翻译的外国作品大都有了现代汉语的新译本，但其译作在中国文学史上的地位和影响，依然空前而绝后，散发着永恒的光芒。

作为古文学家、诗人、画家，他留下了长篇小说、文集、传记、

林纾墓

画论等几十部作品，并有上百篇短小说、诗词与曲，以及成千幅画卷。他能诗善画，著作等身，朋友及后辈显贵者众多，但却一生淡泊功名，不随波逐流，不攀附权贵，始终尽己所能自食其力，过着教书译书、卖文卖画的生活，率性、真实。他早年曾提倡变法维新，也写过不少白话诗文。他一生尊古崇古，主张古文和白话可以并存，白话文必须扎根于传统文化之中。在“五四”新文化运动中，有人提出要废除古文。他并不反对白话文，早年曾写过《闽中新乐府》支持维新，客居杭州时也曾为同乡、著名报人林白水办的《杭州白话报》写过白话道情。他反对的是“尽废”古文，反对用白话文全面取代古文。然而，作为一名传统的文人，一名执拗的古文学家，他无法纵观全局，理解不了兴废之间的矫枉过正。他只知道，古文是他自己心目中民族文化传统的归属和命脉，神圣不可侵犯。因此，在这场历史上著名的文白之争中，被尽废古文主张激怒了的林纾，为了捍卫民族的传统文化，怀着挽狂澜于既倒的神圣责任感挺身而出，以他独有的认真、执着和狂态，在其他人或装聋作哑或不屑一顾的情况下，单枪匹马与新文化运动阵营对垒叫阵，真诚地为传统文化的延续而抗争，以致成为新文化运动的靶子，变成因循守旧的遗老代表、历史上的悲剧性人物，惨淡收场。其不合时宜的种种举动，却也和《新青年》的干将们一道，组成了“五四”新文化波澜壮阔画卷中的多彩底色。

林纾与林白水

去世前数月，重病缠身的林纾，抱病去孔教大学讲授的最后一课是古文《史记·魏其武安侯列传》。他逝世前一个月所写的《遗训十事》，其中之一便是“古文，万不可释手，将来必为世宝贵”。他去世前一日，已不能说话，仍坚持用手指在儿子林琮手中写下最后遗言：“古文万无灭亡之理，其勿怠尔修”，坚信古文将长久流传，要求儿子不能松懈对古文的学习。此情此景，悲壮感人，显示出他捍卫传统文化的坚定信念，令人唏嘘。

他的一生，活得真诚，活得坦荡。他不攀权贵、不积钱财，不求功名，清介自守，真诚待人。“畏天循分”的祖训，使尊君的思想在他心中无法动摇。因此，他虽然对清朝的腐败无能感到不满，渴望国家富强，却不赞同革命，不愿意废君，盼望能够实现君主立宪。1911年，辛亥革命爆发，时局动荡，他携全家逃离北京，前往天津英国租界避难，但心中仍然充满对国家前途的忧虑。身居租界，虽衣食无忧，但眼前的乱象却使他心中十分痛苦：“托身若异域，一夕数猜疑。”遭逢乱离，令他有沉沦异域之痛；即使是走进宅门，也常有走错家门之感。他牵挂远在南方的家乡，当福州兵变的消息传来时，他忧心忡忡，彻夜不眠。他急切盼望国家安定富强：“臣民洗眼望中兴！”他痛恨背叛光绪、葬送“维新”的袁世凯，他怀念力图新政、支持维新派变法的光绪皇帝，对戊戌变法的失败无法释怀：“然德宗果不为武后所害，立宪早成，天下亦不糜烂至此！”他曾以决绝的态度拒绝清朝官员的举荐，拒绝袁世凯、段祺瑞的威逼利诱，狂傲倔强，具有名士的风范。但在打倒旧文化的浩浩荡荡时代潮流中，他又始终执拗地固守大清举人的身份，特立独行，前后11次拜谒光绪陵墓，失声痛哭，悲怆之至，令守陵卫士愕然动容。他以真诚的哭陵之举表明自己的政治立场，自甘成为效忠清室的遗老，维护着他眼中最正统的文化精神。虽然他后来对革命的看法有所转变，“愿扶杖为共和国一老民”，但其尊君情结始终未除。他的谒陵之举，看似顽固不化，迂腐可笑，但却是一位木强的老人坚守信念的真诚举动。从其

《题画诗》第十七首“长念孝陵心不死，青山只画石头城”的诗句中，我们可以看到一位以遗老身份固执地坚守文化身份的老人，悲愤、木强、执拗、保守的本真性情。

他的一生，不计声名毁誉，固守一端。他说，“吾辈已老，不能为正其非，悠悠百年，自有能辩之者”，“老来卖画长安市，笑骂由他我自聋”，将自己的功过是非留待后人评价。从他早年的白话诗《闽中新乐府》中，我们可以触摸到他内心真挚强烈的爱国情怀；从《不如归·序》“余译竟，若不胜有冤抑之情，而欲附此一伸，而质之海内君子者……纾年已老，报国无日，故日为叫旦之鸡，冀吾同胞警醒”的自陈中，我们可以看到其心中汹涌着的澎湃激情；从“畏庐者，狂人也。生平倔强，不屈人下，尤不甘屈诸虎眈眈诸强邻之下”的倾诉中，我们可以感受到他木强傲岸的性格与血脉偾张的傲骨；从《与姚叔节书》中“力延古文之一线”的顽强抗争、《林琴南再答蔡孑民书》中“拼我残念，极力卫道”的激愤，我们可以触摸到其执着的价值关怀和舍我其谁、力挽狂澜的强烈使命感；从“古文万无灭亡之理”的痛心之语中，我们可以真切感受到他对古文的痴情；从“悠悠百年，自有能辩之者。请诸君拭目俟之”的固守中，我们更可以读出其一以贯之的自信坚守与孤独、悲凉而又无奈的内心世界。

林纾的确是一个有血性的传统文人。在他的身上，具有中国传统文人的狷介之气和性情中人的义骨侠肠。透视林纾的一生，他愤世嫉俗、木强多怒、顽固傲岸、畏天循分而又肝胆侠义的性格，风骨嶙峋，蕴含着独特的生命情调。他的晚年绘画，更是常将象征君子的松树作为绘画的对象，画面顶天立地，气势磅礴，将不追逐名利的风骨淋漓尽致地展露在山水字画当中。

他是一个典型的中国传统读书人，一位木强固执的血性文人，但又是一位有担当、有骨气、有品行、有操守的文化传播人。他一生布衣，不媚权贵，以一个读书人的清白身份终其一生，令人敬重。他当年的许多论战的对手都曾事后撰文反省自己当年的过激行为。如胡适就曾在1926年撰写《林琴南先生的白话诗》一文，反思当年对林纾认识的“不公平”：“我们这一辈的少年人只认得守旧的林琴南，而不知道当日的维新党林琴南。只听得林琴南老年反对白话文学，而不知道林琴南壮年时曾做很通俗的白话诗，——这算不得公平的舆论”；“五四”时期叱咤风云的新文化运动干将陈独秀，也曾在事后公开肯定了林纾的人格；以新诗《女神》著称、激烈反对“旧文化”的郭沫若，也不得不肯定林纾在文学方面的功劳；著名作家郑振铎，在林纾去世后不久，便在《小说月报》第15卷11号上撰写长文《林琴南先生》，为对他“不公允”而叫屈：“他实是一个最劳苦的自食其力的人。他的朋友及后辈，显贵者极多，但他决不去做什么不劳而获的事或去取什么不必做事而可得的金钱。在这一点上，他实在是最可令人佩服的清介之学者。这种人现在是极不容易见到的。”

的确，作为一名有操守的杰出文化传播者，林纾的一生，体现了一位传统知识分子的道德风范。

当我们拂去历史的尘埃，重新审视曾经的文白之争时；当今天国学的价值得以再次彰显之时；当我们反思人生、品味人生风骨之时；当我们追寻古道热肠、重塑社会道德之时，我们不能不想起林纾，想起这位可敬可佩、令人高山仰止的老人。

# 作者的话

1896年，林纾和陈宝琛等人创办了“苍霞精舍”，是为如今笔者所在学校——福建工程学院的前身。为了纪念这位先贤，并将之挖掘整理，作为大学文化建设的宝贵资源，福建工程学院十分重视林纾研究。近年来，学校相继推出《林纾读本》《林纾书画集》《林纾年谱长编》等书籍，并在全校开设《走进林纾》公选课程，为我们的写作奠定了很好的基础。其间，我们参加了福建省社科研究基地重大项目“福建近代文化名人群体与大学”研究，同时主持福建省教育科研社科A类项目“以林纾为典型例证的大学文化传承与实践”研究，对林纾的相关资料进行了较为系统的梳理，本书即是上述课题的成果之一。

林纾是中国近现代一位有文人骨气的名士，一位卓有成就的文化传播者。他学养深厚而又率性任情，畏天循分而又不同流俗，是中国近代史上的一道独特风景线。但林纾又是一位复杂多涵的历史人物，一生的是非功过，众说纷纭。因此，要在短短的篇幅全面准确地把握这位一代文士名流，确实不易。文中疏漏不足之处，还望各位读者给予批评指正。

完成此书之际，我们要真诚地感谢学校领导的大力支持，感谢福建地方文化资源研究中心同仁郭丹教授和祁开龙博士，他们对本书的写作提出了很好的建议，并热情提供资料；苏建新教授和杨清教授提出了中肯的修改意见；龚任界副教授无私提供了多幅图片，为本书增色不少。

本书由朱晓慧撰写前言、第一至五章和结语部分，庄恒恺撰写第六至十二章，由朱晓慧负责最终统稿。在写作过程中，我们参考了诸多先贤时彦的成果，部分列入延伸阅读中，不一一注明，在此谨表谢意。

# 延伸阅读


1. 林纾：《畏庐文集》，上海：商务印书馆，1923年。

2. 林纾：《畏庐续集》，上海：商务印书馆，1925年。

3. 林纾：《畏庐三集》，上海：商务印书馆，1927年。

4. 林纾：《畏庐诗存》，上海：商务印书馆，1926年。

5. 林薇选注：《林纾选集·小说卷》， 成都：四川人民出版社，1985年、1987年。

6. 林薇选注：《林纾选集·文诗词卷》，成都：四川人民出版社，1988年。

7. 曾宪辉：《林纾》（福建近代名人传记丛书），福州：福建教育出版社，1993年。

8. 孔庆茂：《林纾传》，北京：团结出版社，1998年。

9. 王旸：《簾卷西风：林琴南别传》，北京：华夏出版社，1999年。

10. 曾宪辉：《林纾》（插图本中国文学小丛书），沈阳：春风文艺出版社，1999年。

11. 张俊才：《林纾评传》，北京：中华书局，2007年。

12. 张俊才、王勇：《顽固非尽守旧也：晚年林纾的困惑与坚守》，太原：山西人民出版社，2012年。

13. 吴仁华主编：《林纾读本》，福州：福建教育出版社，2014年。

14. 龚任界主编：《林纾书画集》，北京：中国书店，2014年。

# 后　记



福建，山海相拥，人杰地灵，人文荟萃，英才辈出，产生了许多伟大的思想家、文学家、教育家、科学家和民族英雄、爱国先驱、革命将士、时代楷模。他们的教育成长、道德品行和思想文章，是福建的宝贵精神财富，教育和激励着一代代福建人努力学习、奋勇前行。福建省社会科学界联合会组织编写的“福建历史文化名人丛书”，以福建历史名人为题材，古今结合，意在从高处着眼、从基础着手，普及人文社会科学知识，促进人文道德养成，使社会科学知识走进大众、走进生活、走进现实，让更多的人了解福建历史名人，弘扬优秀传统文化，增强福建文化影响力和感染力，为建设文化强省添砖加瓦。

“福建历史文化名人丛书”（第一辑）所包含的朱熹、林则徐、严复、陈嘉庚、王审知、杨时、郑成功、黄道周、林语堂、林纾10个人物故事，记录了福建文化之于中国历史的影响，同时也以人物史的叙述方式生动地展现出中国人文精神的风骨和传统文化的传承。人物篇以人物生平为线索，在故事中体现传主的学问、事功、道德，凸显他们在中华文明进程中的重要作用，深入挖掘和阐发其内在精神，从而激起读者爱国爱乡的强烈情感，使之成为涵养社会主义核心价值观的重要源泉。

这套丛书以广大群众为读者对象，尤其是各年龄段的学生群体以及受过中等教育的读者，他们对这些历史名人的认知，大多来源于历史课本、乡土教材、文化景点和博物馆，很难形成具体、深入、系统的认识。丛书深入浅出，雅俗共赏，通过一个个生动精彩的故事带领读者走进福建历史，走入人文社会科学的知识殿堂，融故事性、知识性、趣味性、可读性于一体，对提升大众的阅读水平，普及社会科学知识、提高人文社会科学文化素养和思想道德素质有着积极的作用。

福建省社科联党组书记、副主席冯潮华对编撰出版工作提出明确要求，给予大力支持。省社科联党组成员、副主席缪建萍亲自指导本丛书的策划和编写。省社科联普及部的缪旭明、杨文飞、林彤、李培鋗等具体组织实施本丛书的编撰出版工作。

马照南、汪征鲁、林国平、刘传标、刘小新、王日根、茅林立、林焱、黄启权等专家学者对丛书写作大纲和书稿进行了认真审读，并提出了许多很好的意见和建议，在此表示感谢！

由于编纂出版时间紧，经验和水平有限，疏漏在所难免，敬请广大读者批评指正！

编委会

2016年2月